瘋路跑：
RUN
SO FUN
原來運動也能
這麼好玩！

7大洲**×21**種主題**×195**場路跑

作者
娜塔莉・希瓦
Nathalie Rivard

譯者
彭小芬

瘋路跑：RUN SO FUN 原來運動也能這麼好玩！

一版／2021年10月（一版換封面）
定價／新臺幣　460元
ISBN／978-986-5510-92-3（平裝）

作者／娜塔莉希瓦 Nathalie Rivard
譯者／彭小芬
編輯／吳嘉芬、伍文海
封面設計／洪瑞伯
內頁美編／曹文甄

發行人／程顯灝
總編輯／盧美娜
發行部／侯莉莉、陳美齡
行銷部／伍文海、陳婷婷
財務部／許麗娟
印務／許丁財
法律顧問／樸泰國際法律事務所許家華律師

藝文空間／三友藝文複合空間
地址／台北市大安區安和路二段213號9樓
電話／（02）2377-1163

出版者／四塊玉文創有限公司
總代理／三友圖書有限公司
地址／106台北市安和路2段213號4樓
電話／（02）2377-4155
傳真／（02）2377-4355
E-mail／service@sanyau.com.tw
郵政劃撥／05844889　三友圖書有限公司

總經銷／大和書報圖書股份有限公司
地址／新北市新莊區五工五路2號
電話／（02）8990-2588
傳真／（02）2299-7900

Published originally under the title: Courir autour du monde ©2016,
Editions de L'Homme, division of Groupe Sogides inc.
(Montréal, Québec, Canada)
Chinese Translation (complex characters)
©2017, Ju-Zi Cultural Enterprise Co., Ltd.
edition arranged through Dakai Agency Limited

國家圖書館出版品預行編目(CIP)資料

瘋路跑：原來運動也能這麼好玩！／娜塔莉希瓦
(Nathalie Rivard)作；彭小芬譯. -- 一版. --
臺北市：四塊玉文創有限公司, 2021.10
　　面；　公分

譯自：Courir autour du monde : des plus
classiques aux plus folles, 200 courses
pour vous faire rêver!
ISBN 978-986-5510-92-3(平裝)

1.賽跑 2.運動訓練

528.946　　　　　　　　　110015706

三友官網　　　三友LINE@

　　跑步，是最古老的探險形式。只依靠兩條腿，就可以到達最偏僻、最原始、最美麗的地點。這是激勵我天天跑步、不懈鍛鍊的主要原因。10 年前，我跟大家剛開始的時候一樣，只能勉強在自家附近繞一圈。漸漸的，跑遍整座城市對我來説已經不成問題。現在，我可以連續跑上十幾個鐘頭。

　　為了追求好成績嗎？有時候是。為了在最有異國情調的超級馬拉松衝過終點線的滿足感嗎？當然了。更重要的是讓我有機會從馬丁尼克島北方的熱帶森林一直跑到南方的海灘，在繞著白朗峰跑的沿途經過 3 個國家，或者在黎明前跑到留尼旺島火山環的山腳下時，剛好來得及瞥見富爾耐斯火山最近一次噴發照亮了地平線。

　　一旦成功地征服高山 160 公里路程的驚喜感消失時，我們很快就會開始尋找新的探險目標。毫無疑問，《瘋路跑》這本書，將使我在世界各地跑步的時間越來越長！

瓊洛史

超級馬拉松跑者以及《超越平凡》（Ultra-ordinaire）一書的作者

（Editions de l' Homme 出版，2016 年）

　　隨著年歲漸增，我體會到人生乃是由經驗與學習所構成，其中免不了有惱人之處。從遠處看，有我這號人物，趨近去看，則是日復一日、年復一年的經歷組合成一個獨一無二的人，也就是我，就好像畫素形成畫面。我體會到這些物體、這些激情，其實並不是我，它們帶給我舒適和愉悅，如此而已。我的 DNA 是由我的經驗所構成。

　　在人生這場重大的歷險中，我越向前邁進，就越確定經驗這種東西，我所擁有的永遠不夠多。恐懼、憂慮、缺乏自信，我要把這些通通丟掉，因為我想要生活經歷的太多，而我的時間肯定不夠。

　　《瘋路跑》不但讓我嚮往，也讓我飽受失眠之苦，我的護照蓋滿戳章，我的飛行里程不斷累積。每一年，我都可以選擇一項比賽去報名，然後為了順利完賽的喜悅而展開訓練。是的，讀這本書的感受，夾雜著痛苦和無比的歡喜。

喬瑟佩沃斯特
足跡遍及全球的跑者以及兩間跑步用品專賣店的經營者

一開始，我利用跑步來抒壓，排遣滿溢的情緒和無處發洩的精力，尤其是幫助我戒菸，那是我在中學時養成的壞習慣。那時候，在蒙特婁的公園裡跑一跑就讓我非常滿足，分泌腦內啡之類對人體有益的荷爾蒙，大自然的景色也很容易引我沉思。我的要求僅止於此。

　　如此過了 3 年，我首度實現參加馬拉松的夢想，那是奧爾良島馬拉松，時間是 1977 年，我花了 3 小時 44 分跑完。我非常喜愛那個路線，第 2 年又參加了一次，並且贏得冠軍，成績剛好在 3 小時以內：2 小時 59 分！於是我繼續努力縮短時間，在加拿大的幾次城市馬拉松有不錯的表現。我曾經在 1979 年和 1987 年，兩度贏得蒙特婁馬拉松的冠軍，我可以感覺到自己在人群的簇擁下通過終點線，當時的心情就像現在的各位一樣激動萬分！之後是紐約馬拉松（第 3 名）和波士頓馬拉松，那年是 1980 年，在蘿西路茲作弊被揭穿之後，我贏得歷史性的勝利。波士頓馬拉松的路線起伏和下坡路段，特別適合我展現實力，我後來又回去參加過幾次，創下個人最佳成績 2 小時 29 分 27 秒。

　　我可以繼續花上好幾個鐘頭回顧我在東京、赫爾辛基或洛杉磯（1984 年的奧運！）出賽的經驗，以及在十幾年的選手生涯中讓我難以忘懷的一些比賽。

　　總之，各位可以體會到我是如此熱愛跑遍世界各地的跑者生涯。希望你們也可以享受我曾經有過的喜悅，將旅行和你最大的嗜好結合。這本書將是你們達成目標的最佳工具！

賈克琳卡侯

托爾金說過：
「一本書是一場旅行的誕生，一段路程的經歷。」
我期許這本書能夠促成一場旅行，
讓各位穿上跑鞋去探索這個世界。
踏上屬於自己的旅程吧！

獻給我的好友卡琳娜布亞，
她於 2016 年 4 月在巴黎首度參加馬拉松。
希望這次參賽能夠成為一項長期慣例的開端。

每一年在全球各地舉辦的路跑比賽，算一算也有幾千場，而且有越來越多的跑者不遠千里前往共襄盛舉。所以我決定編寫這本指南，讓跑者悠然神往之餘，順便規劃下一次的路跑行程。

這本書涵蓋各式各樣的比賽：跑好玩的、傳奇等級的、景色壯麗的、挑戰體能極限的、以美食為號召的、結合障礙的，當然也不會漏掉扮裝路跑。不論你是多次參加馬拉松的老鳥、打算挑戰高難度比賽的專家，或者是剛開始接觸路跑運動的新手，在書中都能找到幾十項比賽，讓你好想馬上整理行李出發去參加。如果你的旅遊預算因此暴增，不要來找我算帳啊！

《瘋路跑》介紹 195 項路跑比賽，從 3 公里到 350 公里，以全球各地區來分類，包含極地。除了描述比賽的特色，這本書也提供在國外路跑的實用資訊，例如穿上跑鞋探訪大城市的導覽行程，或是幫助你搜尋並跑遍最美麗景點的應用程式。

《瘋路跑》有個同名網站，網址是 courirautourdumonde.com，提供的內容包括跑者的訪問，各種實用資訊，標示出書中每一項路跑日期的年曆，還有備忘錄可供下載，方便你規劃下一次的路跑行程。此外，為了 Espaces 雜誌的一篇關於路跑界超級英雄的報導，我們在 2015 年 3 月訪問了幾位世界頂尖的路跑及超馬選手，包括史考特傑瑞克、安坦庫比卡、安娜佛斯特、諾莉亞皮卡斯、卡爾艾格洛夫以及艾蜜莉佛斯柏格，完整的訪問內容只有在這個網站上才看得到。

這本書出版時，書中所有的資訊都是最即時的；不過路跑的世界隨時會變動，當你閱讀的時候，說不定有些比賽的內容已經有所調整，甚至停辦了。所以在報名之前，一定要先查詢清楚。

那麼你呢？下一個目的地是哪裡？

娜塔莉希瓦

目錄

Chapter 1
各地區的路跑

北美洲

加勒比海地區與中南美洲

歐洲

目錄

非洲與中東

Chapter 2
各種主題的路跑

Chapter 1

各地區的路跑

北美洲 North America

1　5公里泡沫節
（5K Foam Fest）

地區：加拿大的幾個城市

時間：整個夏季

　　對於只想找樂子，不求破紀錄的障礙路跑愛好者來說，5公里泡沫節絕對適合你。完賽的時間不用計較，大家追求的是純粹的樂趣。主辦單位不會替參賽者計時，如果你真的很在乎時間，可以在出發和抵達終點時看一下手錶。「最大的目標是帶給大家歡笑，沿途會設置五花八門的障礙，包括幾個大型充氣墊，用來攀爬或者把人絆倒的繩索，泥巴是一定要的，障礙路跑怎麼可以沒有泥巴，也少不了巨量的泡沫。總之，小朋友和大人都會覺得很好玩。」馮蘇瓦拉哈梅如此表示，這位來自聖康斯坦（Saint-Constant）的跑者，看來果真在5公里泡沫節玩得不亦樂乎！

---

info

類型：障礙賽，趣味，接受個人或團體報名

距離：5公里

參賽資格：兒童年滿8歲以上，適合全家人同樂。8至12歲的兒童必須有一名成年人陪伴

氣溫：夏季

獎牌：有

報名：5kfoamfest.ca

2　100號公路100英里路跑
（100 on 100）

地區：美國，佛蒙特州
　　　（USA , Vermont）

時間：8月

　　這是在佛蒙特州的100號公路舉行的100英里（160公里）接力賽。來自蒙特婁的跑者George Ng曾經在2011年參加過這項路跑，「出發的地點是凡川普家族的度假別墅，可以眺望附近山區的全景。沿途會經過Ben & Jerry冰淇淋[註]的製造工廠。賽程安排得很好，可是每個隊伍必須自行負責食物補給，所以我們準備小冰箱和食物以因應12小時的賽程。我們有遇到來自美國和其他地區的跑者，大家都在追求同心協力的精神。到達終點後，有一頓豐盛的晚餐迎接所有的參賽者。從鍛鍊意志力以及與路跑同好共度時光的角度來說，這是非常好的活動。」

---

info

類型：道路，接力

距離：100英里（160公里）

參賽資格：人人可報名，3至6人為一組

氣溫：介於15到25℃

獎牌：沒有，但是會發一件T恤

報名：100on100.org

實用資訊：比賽手冊有附地圖，將各路段的距離都標示出來

●註：班傑利自製控股公司（Ben & Jerry's Homemade Holdings Inc），以乳製品、冰淇淋和各種農產品聞名，成立於1978年的美國佛蒙特州的伯靈頓。在台灣的量販通路也可以購買到Ben & Jerry's的冰淇淋。

3 環繞港灣路跑（Around the Bay）

地區：加拿大，漢彌爾頓（安大略省）（CA,Hamilton,Ontario）

時間：4月

這是北美洲歷史最悠久的路跑比賽，於1894年首度舉行，比波士頓馬拉松還要早三年。有好幾位世界頂尖跑者，包括奧運獎牌得主，曾經在這項傳奇的比賽中贏得勝利。它獨特的30公里距離，很適合當作波士頓馬拉松的熱身賽。來自蒙特婁的西薇瓦尚連續兩年參加這項比賽，對於這個距離也很讚賞，「跑的時候，有一種跟歷史交會的感覺，當你知道從120多年前到現在，有那麼多的跑者跟你跑過同樣的路線。後半段的地形起伏劇烈，但是可以欣賞安大略湖和港灣的美景，還可以從另一側清楚辨認出比賽的出發點和終點科普斯體育館[註]。後半段的景觀彌補了前半段在工業區的單調。」

西薇特別喜歡即將抵達終點時，在體育館的看台上有觀眾瘋狂的鼓掌、吹口哨和歡呼，恭喜這些跑者完成壯舉，經歷了種種努力之後，這一刻顯得分外美好。「我們可以感受到身為北美洲最古老路跑比賽的自豪，因為獎牌和T恤都有強調這一點。」

info

類型：道路，接受個人或團體報名

距離：5公里、3人10公里接力、2人15公里接力、30公里

參賽資格：5公里組不限年齡，其它項目必須年滿15歲

氣溫：大約4℃，可能會下雨

獎牌：有

報名：bayrace.com

實用資訊：比賽網站有提供30公里組的訓練計畫

4

●註：科普斯體育館已改名為第一安大略中心（FirstOntario Centre），坐落在約克大道和北卑街交界處，屬於多用途室內體育及娛樂設施，可容納約19000名觀眾。

4 惡水135（Badwater 135）

地區：美國，加州（USA,California）

時間：7月

每次只有100名跑者獲邀參加這項比賽，他們必須在公路上跑135英里，相當於217公里，從死亡谷的惡水一直跑到加州的惠尼山。有好幾位跑者，包括鼎鼎大名的史考特傑瑞克[註]，都認為它是地球上最艱困的道路賽，當然這多少跟高溫有關。這裡的氣溫可高達55℃，相當於華氏130°F（地球上有記載以來的最高溫也不過是58℃……），難怪此地有一個小鎮名為火爐溪！參賽者必須在48小時內跑完全程，沿途會經過3座山，累計爬升高度超過4450公尺，下降高度1859公尺（別忘了還要對抗極端的高溫！），跑者平均以40個小時完賽。

info

類型：超級馬拉松

距離：135英里，相當於217公里

參賽資格：只能由主辦單位邀請。可事先在線上填寫報名表，表達參賽意願

氣溫：非常熱，可以高達55℃

獎牌：沒有獎牌，不過會得到一枚惡水135的腰帶環

報名：badwater.com/event/badwater-135

實用資訊：這項超級馬拉松是惡水135系列的其中一項活動，該系列包含三項路跑活動，另外兩項分別在恐怖角和索爾頓湖舉行。如果沒有獲邀參賽，你可以報名成為配速員，或加入 Facebook Badwater 135 Participants-Crew-Pacers，成為該團隊的成員之一

●註：1973年生，美國的長跑名將，被譽為「超馬之神」。

5

豐業銀行蒙特婁21公里路跑以及5公里路跑
（Banque Scotia 21K de Montreal et 5K）

地區：加拿大，蒙特婁（魁北克省）（CA,Montreal,Quebec）

時間：4月

這項國際級的半程馬拉松由加拿大豐業銀行主辦，並結合募款活動以贊助許多慈善組織。來自蒙特婁的瑪莉艾芙岡卡為了替聖賈斯汀兒童醫院募款，曾經兩度參加這項比賽，第一次她跟一群跑步的同好一起穿上醫院的外套，第二次則是穿上藍色的芭蕾舞蓬蓬裙。她很喜歡這種概念，將她對跑步的熱愛與慈善的目的結合。2015 年，她的路跑團隊支持的是莫妮卡羅以及消除文盲基金會，因為其中有好幾位跑者以文字工作維生，深知閱讀的重要。除了加入團隊做慈善，同時進行的媒體挑戰賽也會激勵群眾踴躍捐款。這項路跑辦得很成功，沿途會經過聖母島和聖海倫島，（跑在一級方程式賽車的賽道上）可以欣賞蒙特婁的美景和 1967 年萬國博覽會的場館。

抵達終點時，當主持人用麥克風報出你的名字，志工上前來為你的脖子掛上獎牌，你會覺得自己就像個搖滾明星。安大略省的渥太華也於 2016 年舉辦了相同的活動。路跑比賽就像一群熱情友善的人組成的大家庭，非常適合跟這一類的慈善活動結合。

---

info

類型：道路，慈善

距離：5 公里和 21 公里

參賽資格：沒有限制。參賽者必須加入一個團隊，為某個慈善組織募款

氣溫：不一定。由於比賽在 4 月底舉行，氣溫從 0℃ 到 15℃ 都有可能

獎牌：有

報名：canadarunningseries.com

實用資訊：你可以自己組隊，也可以加入現有的團隊

海灣碎浪路跑（Bay to Breakers）
地區：美國，舊金山（加州）（USA,San Francisco,California）

時間：5月

這可是舊金山 100 多年以來的傳統！充滿節慶氣氛的海灣碎浪路跑，可能是美國西岸最盛大的跑者聚會，有超過 5 萬名跑者熱烈參與，還有 20 萬以上的觀眾。當比賽結束時，往往已經是酒流成河……酒精的誘惑力真的很大，比賽還沒開始就有人在喝酒，導致主辦單位必須在比賽期間執行非常嚴格的禁酒令。這項活動鼓勵跑者扮裝參加，每年都有許多人呼應這項邀請，因此從 1912 年舉辦至今，已經有超過 180 萬名跑者扮裝參加海灣碎浪路跑。

這項路跑的出發點靠近舊金山灣，距離內河碼頭不遠，終點位於太平洋岸的海灘上。海灣碎浪路跑有個好玩的特色：你可以報名蜈蚣組，以 13 人為一個團隊，用彈性繩串成一列，就這樣跑完 12 公里。每一隊還可以有 2 名後援跑者，他們不用跟其他人串在一起，必要時可以取代某個跑者上場，理由是，譬如說原先的跑者需要綁鞋帶或上廁所。為了增加難度，在接近第 6 英里的地方有一個 360 度的迴轉，規定一定要以蜈蚣的隊形通過，而且不能干擾到其他的跑者，主辦單位稱之為「雷尼齊轉彎」，這個名稱就是來自於第一個在此地成功轉彎的隊伍。

info

類型：道路、趣味，你高興的話可以扮裝
距離：12 公里
參賽資格：全家人都可以參加，也歡迎報名蜈蚣組（13 名跑者甚至更多人）
氣溫：15 到 20℃
獎牌：有
報名：zapposbaytobreakers.com
實用資訊：不得攜帶尺寸大於 21.6 x 28 x10 公分的提袋或背包。這項比賽是禁菸活動

7 大索爾國際馬拉松（Big Sur International Marathon）

地區：美國，加州（USA, California）

時間：4月

說起美國最令人嚮往的景點，一定會想到大索爾這段加州海岸。令人著迷的巨岩矗立在海中，成為攝影師熱愛的取景目標。大索爾有一種精神上的氛圍，長久以來吸引了許多大自然的愛好者。在這裡舉行馬拉松，讓你有機會跑進一片美洲杉（也就是加州紅木）森林，輕快地穿越鄉間，觀眾只有幾隻牛，好奇地看著人類匆匆忙忙跑過去；接下來，趁著通過知名的比克斯比大橋的短暫片刻，欣賞海岸的美景，耳邊的背景音樂則是前方2公里處公路邊的平台鋼琴所傳出的旋律；最後抵達終點卡梅爾（Carmel），克林伊斯威特（美國演員）曾經於1970年代在這座小城開設一間很有名的Hog's Breath Inn英式酒館。

馬拉松路線所行經的1號公路，擁有美國公認的最佳視野，吹拂著臉和身體的涼風，以及令人目不暇給的美景，都讓人暫時忘記還要花多少體力才能撐到終點。如果你只是一名程度普通的跑者，建議你報名半程馬拉松（除了前面的森林，其它的路線都一樣），因為全馬限定要在6個小時之內跑完。所有的參賽者都可以領到一面黏土手繪獎牌，而且是搭配一條細皮繩，不是傳統的布條，整體看起來帶著幾分神秘感，呼應此地在1970年代曾經是

嬉皮大本營的形象。由於這項馬拉松越來越熱門，你還得先抽籤才有機會參加。

---

info

類型：道路

距離：為當地兒童舉辦的3公里路跑賽在星期六舉行，其它有5公里、9英里（14.5公里）、10.6英里（17公里）、21英里（34公里）、42公里等項目

參賽資格：參加馬拉松要先抽籤。16歲以上可以報名21英里和馬拉松，10歲以上可以報名9英里和10.6英里，8歲以上可以報名5公里

氣溫：宜人，出發點大約5℃，終點大約15℃，幾乎每年都有迎面的涼風

獎牌：有，而且很漂亮，是串著皮繩的黏土手繪獎牌

報名：bsim.org

實用資訊：從2016年起舉行的挑戰波士頓到大索爾（Challenge Boston 2 Big Sur），提供400個名額讓跑者參加波士頓馬拉松和大索爾馬拉松，根據各自舉行的時間，兩項比賽的間隔為6到13天。參賽者必須從東岸跨越美國到西岸，建議是搭飛機，因為這兩場馬拉松相隔超過5千公里。想要參加的人，必須先取得波士頓馬拉松的參賽資格，才能在10月份報名挑戰賽。如果你是身經百戰的跑者，這項比賽值得你來挑戰。如果你是海岸路跑的愛好者，主辦單位也推薦11月在蒙特雷灣舉行的大索爾半程馬拉松

手中鳥半程馬拉松（Bird in Hand Half Marathon）

地區：美國，蘭卡斯特郡（賓州）（USA,Lancaster,Pennsylvania）

時間：9月

賓州蘭卡斯特的艾米許人聚落，在鄉村田園之間舉辦的這項比賽，令人有時光倒流的感覺：在此地的山谷中，你看不到一根電線桿，因為艾米許人的生活不用電力。為跑者送上補給品的當地孩童，穿的是他們的傳統服裝，擔任配速員的其實是馬拉的拖車，在需要時提供協助的則是驛馬車。配合路跑活動，前一天晚上會舉行義大利麵和披薩晚會，還有傳統的營火和美味的棉花糖點心。比賽當天的早晨有腳踏車漫遊行程以及熱氣球節，讓整個活動更有吸引力。對於跑半程馬拉松的人來說，這項比賽的獎牌一定可以列入最美麗的收藏之一，因為它是鐵匠手工打造的，取材自聚落裡的馬匹使用過的馬蹄鐵，而且以一條細皮繩取代了傳統的布條。跑到終點時，人們會奉上一塊屋比派（Whoopie Pie），這是賓州有名的荷蘭式甜點，喜愛甜食的人應該會很開心。

info

類型：道路

距離：兒童路跑比賽、5 公里和 21 公里

參賽資格：沒有限制

氣溫：介於 13 到 24℃ 之間

獎牌：跑完 21 公里的人可以得到獎牌。參加兒童路跑和 5 公里路跑的人，可以得到一件 T 恤；如果星期五的 5 公里和星期六的 21 公里你都有跑完，還可以得到驚喜的禮物

報名：bihhalf.com

實用資訊：如果這項比賽和 4 月舉行的退休之家馬拉松（Garden Spot Village Marathon）你都有參加，將可獲頒路上蘋果獎，獎品真的是「路上的蘋果」，其實就是把馬糞擺在一塊牌子上，經過消毒和石化處理

9 螢光夜跑（Blacklight Run）

地區：美國的好幾個城市

時間：日期不一定

這種夜間路跑強調的是在螢光下閃閃發亮，而不是你的跑步成績。穿上白色或螢光色的衣服，準備發亮吧！

info

類型：道路，夜間，趣味路跑

距離：5 公里

參賽資格：沒有限制，你甚至可以推著娃娃車一起跑

氣溫：不一定，要看舉辦的地點

獎牌：沒有

報名：blacklightrun.com

頭腦結凍5公里路跑（Brain Freezer 5K）

地區：美國，柏林頓（佛蒙特州）（USA, Burlington, Vermont）

時間：7月

每年 7 月在柏林頓舉行的頭腦結凍 5 公里路跑，何止是好玩，根本就是為了貪吃的跑者精心策畫的活動。全長 5 公里的路程，參賽者先跑 2.5 公里，然後停下來吃完一品脫（473 毫升）的 Ben & Jerry 冰淇淋，再繼續跑完剩下的 2.5 公里。注意，你要證明冰淇淋已經全部吃光了，才可以跑下一段路，除非你報名的項目是「趣味跑者」。為了好玩而跑的人，可以指定一名隊員幫你吃掉一些冰淇淋，或者自願放棄把冰淇淋吃完。不是我們在唬爛，要跑步，又要吃一品脫的冰淇淋，這可是大挑戰呢！尤其是你還要搶時間，所以才會有「頭腦結凍」的說法。甚至還有志工在冰淇淋站待命，你一吃完冰淇淋，他們就會幫你註記。如果你對這項活動感興趣，建議你帶著自己的金屬湯匙去參加，因為用主辦單位提供的塑膠湯匙挖凍得很硬的冰淇淋，總是沒有那麼順手。

---

info

類型：道路，趣味，慈善

距離：5 公里

參賽資格：沒有限制，可以全家一起參加，要推娃娃車也行

氣溫：熱，介於 25 到 35℃

獎牌：有，人人有獎

報名：brainfreezer5k.com/home

實用資訊：有的人會扮裝參加這項路跑，所以你也可以發揮想像力，讓自己玩得開心，穿上芭蕾舞蓬蓬裙、浴帽或者超人披風，讓你的參賽更有節慶氣氛。Ben & Jerry 冰淇淋以天然成分製作，在佛蒙特當地生產

11 新娘路跑（Brides Run）

地區：美國的好幾個城市

時間：日期不一定

準新娘們請注意，預備……説「我願意！」這項有趣的路跑特別獻給即將結婚的新人，他們正準備迎接一生中最重要的日子：他們的婚禮。概念是抒解準備婚禮的壓力，提振精神，和參與婚禮的所有人同樂一番。無論你的身份是未來的新娘、伴郎、新人的父親或母親，甚至只是收到喜帖的來賓，都歡迎你們報名參加。

路跑結束後，現場會有一個市集，每個攤位都是與婚禮相關的商家，讓你可以順便採購婚禮當天所需的用品。主辦單位也會頒獎，獎項包括最胖的伴娘伴郎、服裝最漂亮的新人、伴娘伴郎的最佳裝扮主題，以及跑得最快的新娘。在準備比賽的期間，參賽者還可以上 10 堂免費的跑步訓練課，不過課程經常因為路過新人用品專賣店而突然停下來，反正這是兼顧實用與娛樂的活動。

你當然可以穿新娘禮服去參加路跑，如果只是戴個頭紗或者繫個蝴蝶結也不成問題。你甚至可以透過主辦單位為伴娘們預定蓬蓬裙，顏色隨便你挑。你可以像茱莉亞羅勃茲在電影《落跑新娘》那樣邁開腳步快跑，不過當然是跑在愛人的身邊，可別真的跑掉了。

---

info

類型：道路，扮裝

距離：5 公里

參賽資格：沒有限制，雖然促銷的目的是為了鼓勵新人和伴娘、伴郎來參加，其他的跑者也同樣歡迎

氣溫：從 15 到 24℃

獎牌：有

報名：bridesrun.com

實用資訊：在 2016 年，主辦單位於美國的十幾個城市舉辦

12 布羅蒙超級越野路跑（Bromont Ultra）

地區：加拿大，布羅蒙（魁北克省）（CA,Bromont,Quebec）

時間：10月

　　布羅蒙超級越野路跑是魁北克在2015年首次舉辦的160公里路跑，也就是傳說中的100英里。它的路線是繞80公里一圈，累計高度落差6437公尺，因此參賽者必須跑兩趟布羅蒙山的山坡路。瑟巴斯提安胡力耶是第2屆的冠軍，他非常喜歡眾人同樂的氣氛以及布羅蒙山上坡下坡的節奏，「我也很欣賞地形和道路的變化多端，僅容一人通行的小徑、山坡和岩石、樹根和陡降坡交替出現，我們會經過公路，也會拐進偏離鄉間幹道的小路。由於全程只有14%是平地，我建議跑者要先把四頭肌鍛鍊好。」儘管出發的時間是早晨，就算是腳步最快的人，也有一大段行程必須戴著頭燈跑。

　　瑟巴斯提安倒是很喜歡夜跑，可以從遠處欣賞布羅蒙的夜景。他跑了31個鐘頭，沿途還遇到馬、幾隻豪豬和十幾隻羊。距離不同的各個項目都會經過風景優美的布羅蒙奧運馬術公園基地營，大部份的支持者就聚集在這裡為跑者加油。飲食由本地的餐廳業者一手包辦，保證讓跑者吃得好，對於這項安排，跑者們都非常滿意。

---

info

類型：越野，超級越野，慈善

距離：各不相同，個人項目有2公里、6公里、12公里、25公里、55公里、80公里和160公里，5到10人的隊伍可參加80公里趣味、80公里團體、160公里趣味、160公里團體和160公里競賽等項目

參賽資格：沒有限制，但是需要配合募款活動，金額依據比賽的距離而定，2公里的項目除外

氣溫：從3到15℃，可是溫度計顯示0℃也不用意外

獎牌：所有的完賽者都有獎牌。每個項目的優勝者還可以獲得一枚由當地的回收藝術家以舊車牌打造的腰帶環。160公里的完賽者也可以得到腰帶環

報名：bromontultra.com

實用資訊：有一點很有趣，參加比賽的團隊可以自行分配80公里和160公里的路程，因為可調整的路程能夠激發團隊中不同成員之間彼此較勁的企圖心。募款所得將交由ultragiving.org公平分配給布羅蒙超級越野路跑所支持的慈善組織和基金會

13 燃燒人超級馬拉松（Burning Man Ultramarathon）

地區：美國，黑石沙漠（內華達州）（USA,Black Rock Desert,Nevada）

時間：8月

　　燃燒人超級馬拉松，又稱為黑石市 50 公里路跑（The Black Rock City 50K），是在內華達黑石沙漠所舉行的燃燒人節的重頭戲。很難以三言兩語來描述這項有名的節慶，在一星期的期間內，來自各地的不羈狂人齊聚在此，形成幽默、怪誕、藝術、音樂和社群意識混合的大雜燴。基本上可以歸納出 10 項原則，包括徹底展現自我、實踐奉獻、活在當下、對抗商業化。想像一下這些原則應用在路跑比賽時會發生什麼事！在這裡是沒有任何限制的，如果你看到有的人裸體，有的人卻盛裝打扮，他們在跳舞或者手持鈴鼓蹦

蹦跳跳、暢飲威士忌、背後插著翅膀、做後空翻，甚至倒退跑，都不用大驚小怪。在燃燒人節，沒有什麼是不可能的。不要以為他們只是一群冒失鬼，因為這裡不僅有特立獨行的藝術家，也有正正經經的專業人士，大家都是來這裡找樂子的，因為在他們的工作背後，無論什麼職業，隱含著自由的精神。這項超級馬拉松或許會是你這一生所參加過最脫線的路跑活動。

---

info

類型：超級馬拉松，偏離道路，由於沙塵暴，往往會出現極端惡劣的狀況

距離：50 公里

參賽資格：人人都能參加，沒有最低年齡或最高年齡的限制，但是燃燒人吸引的主要是特立獨行的成年人

氣溫：出發點可能會冷到 10℃ 以下，可是跑到半路時氣溫可能飆升到 30℃ 以上。由於在沙漠中舉行，你有可能被沙塵暴圍困，什麼都看不見

獎牌：有，連跑不完馬拉松的人都有

報名：burningman50k.com

實用資訊：建議配戴滑雪護目鏡和口罩，當揚起沙塵暴時可以保護你的臉

13

14 加拿大滾乳酪節（Canadian Cheese Rolling Festival）

地區：加拿大，惠斯勒（卑詩省）（CA,Whistler,British Columbia）

時間：8月

這項簡直就是場瘋狂的比賽，在惠斯勒的滑雪道上舉行，你必須追著一個重達 5 公斤的 Boerenkaas 乳酪跑，而這個大乳酪正以全速滾下陡坡，你的目標？當然是跑贏乳酪啊！這項由加拿大當地的乳製品業者所舉辦的活動，展現出加拿大人多麼願意與加拿大乳酪「墜」入情網。這項活動適合全家人參加，在現場幾萬名情緒激昂的觀眾熱切矚目之下，跑者的敏捷度將面臨嚴酷的考驗。孩子們也不會沒事幹，他們有自己的比賽，參加者必須把一塊大乳酪推到山頂上。

info

類型：障礙賽

距離：不一定

參賽資格：年滿 19 歲

氣溫：大約 19℃，可能介於 14 到 25℃

獎牌：沒有，但是男子組和女子組的優勝者可以獲得一個乳酪與 2 張惠斯勒滑雪站的季票。此外，裝扮最佳的前 5 名將獲贈禮券，可以拿到當地的商店去兌換禮物

報名：canadiancheeserolling.ca

實用資訊：為了安全起見，建議參賽者戴上安全帽，並自行判斷是否需要護肘與護膝

15 加拿大死亡路跑（Canadian Death Race）

地區：加拿大，大卡什（亞伯達省）（CA,Grande Cache,Alberta）

時間：8月

　　話先說在前頭：加拿大死亡路跑從來沒有死過人，至少目前為止沒有。不過一句「累死人了」（It's a Killer）的口號馬上把你拉回現實：這項比賽可不只是在公園裡散散步。光靠一個人很難跑完全程，主要的原因是高度落差與距離。你會面臨 3 座山要攻頂，一條河要搭噴射快艇才能渡過（渡河的時候暫停計時），還有 5182 公尺的高度落差，全程充滿危險。起點和終點位於古老的礦城大卡什。來自亞伯達的跑者伊恩麥克內對這項比賽有一些心得，因為他決定以此作為生平第一次的超級馬拉松體驗，在那之前，他不曾跑超過 10 公里，「我會去跑是因為當時我參與 1 項研究，目標是判定我是否能夠在發生公路車禍之後的一年內，從零開始進步到能跑完超級馬拉松。我有點魯莽，竟然就同意了！如果你想報名參加，一定要接受過充分的訓練，因為我跑完之後，花了三個星期才能重新穿上鞋子！」

　　大卡什在路跑的那個週末會很熱鬧，因為同時舉行死亡節，那是一場嘉年華會，有各種活動和音樂表演。

info

類型：越野道路

距離：兒童路跑大約 5 公里，2 至 5 人團隊接力 125 公里、個人路跑 125 公里

參賽資格：參加死亡路跑必須年滿 16 歲，18 歲以下的人需要一名家長簽字同意

氣溫：多變，可能山上在下雪，山谷中卻有 25℃

獎牌：有，而且是每個分齡組的優勝者都有獎牌。在 2014 年，最老的參賽者將近 80 歲

報名：canadiandeathrace.com

實用資訊：參加兒童組的比賽必須自己攜帶飲食，在最原始的路段可以由一名家長陪同。5 公里的兒童路跑沒有設補給站

16 布羅蒙天狼星牽狗越野路跑（Canicross Sirius Bromont）

地區：加拿大，布羅蒙（魁北克）（CA,Bromont,Quebec）

時間：10月

這項牽狗越野路跑舉行的地點布羅蒙奧運馬術公園，風景之美在魁北克數一數二。山巒起伏的5公里路程，正逢色彩夢幻的秋季，可以一邊跑一邊欣賞一望無際的美麗山景與布羅蒙的湖畔風光。比賽現場的狗什麼品種都有，從體型嬌小活力充沛的尊貴吉娃娃，到性格穩定體重超過50公斤的紐芬蘭犬，每一隻都迫不及待往前衝，盡情享受這美好的一天。在這裡，狗和主人合而為一。如果你沒看過牽狗越野賽，想像一名主人被他的狗或狗群拖著往前跑，主人的腰帶和狗的套具之間以一條彈性繩相連，後面的跑者可以趁機享受前面的狗的牽引……假設你的狗真的很夠力。

話說狗的品種各式各樣，主人的來歷也是五花八門，在十幾歲年輕人身邊

的跑者，年紀可能足以當他們的祖父母。出發點的景象十分壯觀，每隻狗都想衝到最前面，可是跑者之間的距離很快就拉開了，每一組以自己的步調前進。來自索耶維爾（Sawyerville）的瑪莉索萊桑森，在2015年首度參加這項活動，她認為布羅蒙是最適合舉行牽狗越野路跑的地點，「僅容單人通行的小徑蜿蜒曲折，加上樹根和岩石遍布，這些都是挑戰。上坡和下坡的路段很多，可是有狗相伴很愉快。賽程安排得很好，沒有無謂的等待。比賽結束後，跑者們一起聊天打招呼，享用可口的墨西哥菜，葷的素的都有，還頒獎給優勝者。」

info

類型：牽狗越野，跟狗一起跑

距離：2.5公里、5公里、10公里

參賽資格：人類參加5公里和10公里項目，必須年滿14歲；5到14歲的孩童參加2.5公里（有一名成人陪同）。狗參加5公里和10公里項目，必須至少滿12個月；參加2.5公里，至少滿10個月

氣溫：秋天的氣候，介於5到15℃

獎牌：沒有，不過狗有很多獎項和小禮物；只有優勝者才有獎牌

報名：siriussportscanins.com

實用資訊：天狼星舉辦的比賽有嚴格的道德規範，絕不容許殘忍對待動物。無論何時，你的狗都要跑在你前面，你應該尊重牠的節奏

17 富布哈克牽狗越野路跑（Cani-RAID FouBraque）

地區：加拿大，阿帕拉契自然公園（魁北克）（CA,Appalachian Natural Park,Quebec）

時間：9月

這項活動在風景優美的阿帕拉契地區公園舉行，精心規畫的百分之百越野路線能帶給你強烈的感受。這是一項獨特的體育競賽，充滿節慶氣氛，賽程分2天進行，特別強調互助合作以及越野的精神。為了前往比賽現場，你必須跟你的狗朋友搭乘接駁車，這也讓你有機會認識其他的參賽者。星期六晚上，你們將應邀參加6公里夜跑。由於唯一的照明是你的頭燈，你必須信任你的四隻腳夥伴，牠比你更有辦法在黑暗中分辨方向。星期天早晨的髒狗挑戰賽，你一定要跟你的狗密切合作，才能走出森林。這項比賽最精采的一刻，毫無疑問是涉水過河時，可以想見你在抵達終點時將會全身髒兮兮，不過，把自己搞得像洗衣粉廣告裡的主角一樣，也是參加牽狗越野路跑的樂趣之一。所有的狗都受歡

迎，無論是3公斤的吉娃娃或者超過50公斤的大丹狗，因為所有的狗朋友都是天然森林裡的最佳跑者。

---

info

類型：牽狗越野

距離：牽狗夜跑6公里、髒狗挑戰賽8.5公里

參賽資格：年滿16歲

氣溫：15到20℃

獎牌：優勝者才有獎牌，但所有的參賽者都會得到一件活動T恤

報名：foubraque.com/cani-raid

18 卡特琳娜島馬拉松（Catalina Island Marathon）
卡特琳娜島生態馬拉松（Catalina Island Eco-Marathon）

地區：美國，加州（USA,California）

時間：3月（卡特琳娜島馬拉松）以及11月（卡特琳娜島生態馬拉松）

位於南加州海岸附近的卡特琳娜島，每年會在卡特琳娜島保留區自然公園舉辦兩場特別的馬拉松。這裡有令人讚嘆的開闊視野，可以看到海和山。島上山勢陡峭，高度落差可達 1220 公尺！如果你喜歡海岸，應該會感到滿意，因為馬拉松的路線上坡又下坡，幾乎跑遍全島的海岸。三月的馬拉松主要是跑在泥土路上，出發點在圖哈伯斯（Two Harbors），終點在阿瓦隆（Avalon）。大部分的跑者比賽當天早上 5 點就要出發，從阿瓦隆搭船到圖哈伯斯，有時候遇到海面風浪大，更增加出發前的緊張興奮感。有些人會在前一晚到圖哈伯斯露營，或在當地找一間旅館過夜，不過大部分的跑者是住在阿瓦隆。

至於 11 月的卡特琳娜生態馬拉松，出發點和終點都在阿瓦隆，所以你不用那麼早起。生態馬拉松的路線主要是原始的步道，有名的卡特琳娜陡坡（Catalina Crush）位於大約第 30 公里處，你會寧可掏錢出來，只求通過這段極具挑戰性的 1500 公尺。志工的補給站通常很有個人特色，例如百分之百的水果餐或烤野牛漢堡，這幾年甚至連啤酒都喝得到。根據傳統，跑完這兩項馬拉松的人，往往會跳進阿瓦隆冰涼的海水裡，放鬆疲痛的肌肉。

無論你參加的是 3 月的馬拉松或 11 月的生態馬拉松，都有可能在路上遇到野牛、海豹、甚至白頭海鵰，如果你運氣好，還可以瞥見牠們的巢。對於喜歡自然環境中的困難路線的跑者來說，這兩項比賽都很有挑戰性，尤其是天氣往往極端炎熱。例如 11 月的生態馬拉松，地面溫度可能超過 30℃。如果你在同一年內完成這兩項馬拉松，將可獲得一個特製的雙面水牛圖案獎牌，以慶賀你的成就。既然你一定會被這座小島的魅力所吸引，這正是在短期內舊地重遊的好理由。在 2015 年，主辦單位又恢復了舉行賽後派對的傳統，你將可受邀和其他的跑者一起喝杯啤酒。

18

info

類型：道路（馬拉松），步道（生態馬拉松）

距離：3 月的馬拉松有兒童路跑和成人 5 公里、10 公里、42 公里等項目；11 月的生態馬拉松有兒童路跑、成人 10 公里、21 公里、42公里等項目

參賽資格：可以事先報名，也接受當天早上現場報名。沒有最低年齡限制

氣溫：3 月大約 24℃，島中央可能再多幾度；11 月比較熱，氣溫有 28℃，島中央甚至將近40℃

獎牌：每一位卡特琳娜島馬拉松的參賽者，都可以得到一塊當地藝術家以陶土製作的完賽獎牌。參加卡特琳娜島生態馬拉松的人，得到的獎牌圖案是野牛的頭。如果你在同一年跑完這兩項馬拉松，可以得到一個雙面都有水牛圖案的獎牌

報名：runcatalina.com，或者比賽當天早上現場報名

實用資訊：每一項比賽可以吸引大約 500 名參賽者。你來參加，就可以得到一枚年度別針。有幾個參賽者每年都來參加，他們會把這些別針別在帽子或背包上，得意洋洋地在街上走來走去。你也可以去弄一塊特製獎牌，把所有的別針別在上面，有些跑者有三十幾枚這種別針。參賽者去領背號時，還可以得到份驚喜禮物

19 惡魔墜落（La Chute du Diable）

地區：加拿大，莫里斯國家公園（魁北克省）（CA,Morris National Park,Quebec）
時間：9月

　　惡魔墜落是 9 月初在莫里斯舉行的越野路跑。單人小徑的愛好者不用把靈魂賣給魔鬼，就可以名正言順探訪國家級步道。自從 2011 年首度舉行以來，惡魔墜落就以完善的接待和無與倫比的愉快氣氛，贏得越野跑者的歡心。來自蒙特婁的賈克歐邦參加過 50 公里的項目，對主辦單位只有滿口稱讚，「比賽的那個週末，從民宿、旅館、餐飲業者到沿途協助的志工，可以說整個地區都來共襄盛舉。一切都安排得很妥當，讓我們覺得自己比較像接近天堂，而不是掉進地獄裡。比賽名稱中的墜落，其實指的是當地有名的瀑布（在加拿大法語中瀑布和墜落是同一個字），至於惡魔則來自於主要贊助商，一家名叫「惡魔洞窟」的小型啤酒廠。

　　惡魔墜落其實是一整個週末的活動，50 公里和 80 公里的越野路跑在星期六舉行，其它的項目在星期日舉行。人們會來參加，不僅因為這裡充滿互助合作的精神，也是因為比賽路線的風景迷人。從森林中的環形劇場起跑和抵達終點的場面相當壯觀，現場還可以聽到凱爾特音樂[註]。那些迷人的森林小徑，上坡和下坡的份量恰到好處。你可以從或遠或近的角度，欣賞有名的惡魔瀑布。以前工人會把上游砍下來的原木直接放進河裡，讓原木經由瀑布漂流到下游的鋸木廠。「這項比賽很適合越野路跑的初學者，因為在森林中可以得到許多協助，包括安全設施和食物補給」，賈克如此表示。

　　為了讓這一切有個美好的結束，主辦單位提供跑者一杯惡魔洞窟的美味啤酒和一頓餐點，以慶賀他們的成就。惡魔墜落是魁北克第一個標榜「零水杯」的路跑：這裡的飲食補給站不提供拋棄式水杯。他們鼓勵跑者攜帶自己的水壺、水袋或杯子。後來有些其他的路跑也跟進實施這項措施。

---

info

類型：越野
距離：1 公里、3 公里、6 公里、10 公里、21 公里、35 公里、50 公里、80 公里
參賽資格：沒有限制
氣溫：大約 20℃
獎牌：50 公里和 80 公里的完賽者可以獲得一面特製獎牌
報名：lachutedudiable.ca
實用資訊：如果不遵守規定，你會喪失參賽資格，而且必須當面向惡魔解釋……所以還是考慮清楚吧！

●註：凱爾特音樂（Celtic music）是被藝術家、唱片公司、音樂雜誌等用來描述一種廣泛的音樂類型的名詞，這音樂類型均自西歐凱爾特人的民間音樂傳統發展而成。

20 CIBC抗乳癌路跑（CIBC Run for the Cure）

地區：加拿大各地

時間：10月

為一個正當理由而跑，為對抗乳癌的研究、為教育、為宣導乳房攝影等有助於早期偵測乳癌的預防措施，為效果越來越好的療法，貢獻一份心力。這項活動在全加拿大超過60個地點舉行，包括多倫多和蒙特婁。志工舉辦路跑的目的，除了喚起社會大眾對乳癌的關注，更是為了一群真正的勇者，那些參加1公里或5公里路跑的康復患者，慶祝重生。這項比賽不計時，參加是為了喜悅，向一位正在治療乳癌或已經抗癌成功的好友、親人致敬。

info

類型：道路，慈善，不計時

距離：1公里健走，5公里健走或路跑

參賽資格：沒有限制，不過這項活動吸引許多女性參加

氣溫：10到20℃

獎牌：沒有

報名：cibcrunforthecure.com

實用資訊：參加者可以健走或跑步。如果你居住的地區沒有舉行這項比賽，也可以用虛擬的方式參加

21 可可女子半程馬拉松（Cocoa Women's Half Marathon）

地區：美國，聖安東尼奧（德州）（USA,San Antonio,Texas）

時間：1月

這項比賽就是百分之百的女性和巧克力！彷彿因為跑步產生的腦內啡不夠多，抵達終點時，還要吃各式各樣的巧克力，所以你要努力跑出個人最佳成績，才能趁早享用。有許多巧克力製作的美食在等著你，例如特別為你新鮮現做的巧克力煎蛋餅、塔可餅和巧克力雞腿排、布朗尼蛋糕、裹上巧克力的水果、巧克力熱飲……再吃下去就幸福過量了！這個巧克力狂歡節的路線會經過聖安東尼奧最美麗的一些景點，包括拉威利塔藝術村。

info

類型：道路，女性專屬

距離：1英里（1.6公里）、5公里、10公里、21公里、21公里接力

參賽資格：不限年齡的女性

氣溫：4到17℃

獎牌：有

報名：cocoahalf.com

實用資訊：現場還有一些流動小販，可以滿足你的巧克力癮

22 皮耶拉瓦大挑戰夜間路跑 （Course de nuit du Grand Defi Pierre Lavoie）

地區：加拿大，魁北克省（CA,Quebec）

時間：5月

皮耶拉瓦無疑是魁北克的體育活動與健康生活習慣的最佳代言人。歡迎加入他和數千名跑者的 5 公里路跑行列，以鼓勵 5 千名中學生、高中生和大學生，他們為了參加從魁北克市到蒙特婁的接力賽，已經練習了一整年。學生們的接力賽將於夜間路跑的隔天早晨出發。這項夜間路跑相當特別，花樣百出，人氣又高，將可帶給你難忘的時刻。

出發前的表演可以算是熱身活動，無論是參賽的學生或是以行動表達支持的跑者，都展現出激昂與自豪的熱烈情緒。皮耶拉瓦的團隊會準備各式各樣的驚喜，而且一年比一年精彩。例如 2015 年，跑者

看到兩場煙火表演，穿過一座燈光隧道，還欣賞了馬戲團藝人的表演以及許多節目。皮耶拉瓦可以宣稱他的目標「讓魁北克人動起來」，已經於 2015 年達成，因為 81% 的跑者在參加這項挑戰賽以前，其實平常很少出門，活動量也不怎麼大。超過九成的人甚至是第一次參加路跑。

克利斯坦梅西亞利曾經以媒體團隊成員的身份，陪著年輕人一起參加這項活動，他說這是他生平最美好的路跑經驗之一，「每個人的臉上都掛著微笑，真是美好的景象！從事體育活動是生活方式均衡的基本條件，任何人想對年輕人傳達這樣的訊息，都應該來參加這項路跑。」

info

類型：道路，夜間

距離：5 公里

參賽資格：人人皆可參加，沒有最低年齡限制

氣溫：多變，因為正逢冬季和夏季交替之際，從 5℃ 到 22℃ 都有可能

獎牌：沒有

報名：legdpl.com/la-course-de-nuit

實用資訊：12 歲以下的孩童免報名費。路跑網站上免費提供骨科與運動機能專家榮馮蘇瓦哈維所設計的訓練計畫

23 蒙特婁夜間路跑（Course nocturne de Montreal）

地區：加拿大，魁北克省（CA,Quebec）

時間：5月

蒙特婁 23 區警察局的警員史提夫佛坦發起這項夜間路跑，是為了替朱利安醫師基金會募款。這個基金會每年為 2 千多名弱勢兒童以及他們的家庭提供直接的服務。來自蒙特婁的瑪莉克利絲汀阿雷參加過 2015 年 5 月的路跑，「節慶的氣氛濃厚，參賽者戴著發光手環，有特別為兒童安排的活動，有街頭小吃的餐車，還有精彩的音樂表演。這一切都是為了蒙特婁居民衷心期盼的一個目的。」路跑時會經過基金會的所在地奧雪萊嘉村，以及奧運公園體育館。

---

info

類型：慈善，夜間
距離：1 公里、2 公里、5 公里
參賽資格：沒有限制
氣溫：大約 13℃
獎牌：有
報名：coursenocturnedemontreal.com

24 邱比特內衣路跑（Cupid's Undie Run）

地區：全美國超過35個城市以及澳洲的3個城市

時間：2月

在情人節的週末只穿內衣跑 1 英里（1.6 公里）？有何不可？如果你有正當的理由：為兒童腫瘤基金會募款。這個基金會的宗旨是對抗神經纖維瘤，這是一種先天遺傳疾病，可能造成失明、失聰、學習障礙或慢性疼痛，因而受苦的患者超過兩百萬人。在 2015 年，超過 2 萬 5 千名的參賽跑者總共募得 350 萬美金。

為什麼要穿內衣跑步（更何況是在冬天）？純粹是為了幫助別人，因為得這種病的人沒錢治療他們的腫瘤，也是因為這是一個爭取能見度的絕佳方法。更何況你有聽說過什麼活動可以光明正大穿內衣跑步？沒有嘛！所以快來報名邱比特內衣路跑，在同類型的活動中，它的規模可以說是全世界最盛大的。

info

類型：趣味，慈善，扮裝

距離：大約 1 英里（1.6 公里）

參賽資格：年滿 21 歲，你必須穿著內衣跑

氣溫：根據主辦的城市各有不同，不過通常相當冷，畢竟是在 2 月份

獎牌：沒有，不過根據募款的金額，可能會得到有趣的贈品。例如募到 250 美金，可以得到比賽附設露天酒吧的入場券，若達到 1000 美金，還可以得到一件邱比特睡衣，或一頂人工皮草的帽子，更多細節請參考活動網站

報名：cupidsundierun.com

實用資訊：在路跑進行的前後，還有各項慶祝活動，你可以穿得很溫暖去參加……

25

階梯挑戰賽（Defi des escaliers）

地區：加拿大，魁北克省（CA,Quebec）

時間：6月

這是一項獨特的活動，參加階梯挑戰賽，就是要你在魁北克上城鑽石岬角高處和下城聖羅倫河沿岸之間的階梯上上下下跑。如果參加超級挑戰，代表你要跑3千階，總長19公里，另外一條路線則有13公里。比賽結束後，所有的參賽者將應邀在庫隆森林公園裡聚餐。

info

類型：爬階梯

距離：綠洲挑戰13公里，超級挑戰19公里

參賽資格：年滿10歲的跑者都可以參加

氣溫：13℃或者更高

獎牌：有

報名：couriraquebec.com

實用資訊：這場挑戰賽是魁北克地區一系列總共6場比賽的其中一場，如果你想要省下另外5場比賽的報名費，可以在12月的時候先去申請一張季票

26 低溫半程馬拉松（Demi-marathon hypothermique）

地區：加拿大各地以及美國的伊甸草原（明尼蘇達州）
（CA/USA,Eden Prairie,Minnesota）

時間：1月到3月之間

時值寒冬，當氣溫降到冰點時，藉由參加低溫半程馬拉松來證明你不怕冷。這項由「跑者天地」（Le Coin des Coureurs）連鎖店所主辦的路跑，在加拿大的好幾個城市舉行，包括蒙特婁、渥太華、卡加利、哈利法克斯和溫哥華，以及美國明尼蘇達州的伊甸草原。

根據地點的不同，路跑舉行的時間介於1月到3月之間，每年這段時期的平均溫度幾乎都在0℃以下。不要因為氣溫降到冰點就放棄跑步的樂趣。冬季路跑越來越風行，會去參加的跑者往往覺得連續好幾個月只能踩跑步機實在太無聊了。按照多層穿搭的原則，讓自己穿好穿暖，就可以不畏寒冬，一年跑12個月，還可以參加這一類的冬季路跑，你將遇到其他的跑者，在圍脖下露出他們的微笑。

---

info

類型：道路，冬季，部份路段可能結冰或積雪

距離：半程馬拉松（21公里）跑步或是健走

參賽資格：最好是年滿18歲。未滿18歲必須有一名家長簽名同意，而且看情況決定是否接受報名，因為有名額限制

氣溫：冬季各地的氣溫可能有差異，不過大部分的時候是0℃以下

獎牌：有

報名：只接受線上報名，網址 hypothermichalf.com

實用資訊：所有的參賽者會領到一個袋子，內有一雙保暖手套，一條可以充當頭帶的圍脖巾，以及一面參賽獎牌。賽後提供的餐點須另外付費。大部分的城市規定比賽進行中不得推娃娃車、戴耳機或與動物同行

27 魔鬼追趕6.66英里
（Devil's Chase 6,66 Miler）

地區：美國，薩倫（麻薩諸塞州）
（USA,Salem, Massachusetts）

時間：10月

薩倫是萬聖節的世界之都，來這裡參加一場魔鬼路跑，跑在你身邊的全都是男鬼和女鬼！既然喊出來的口號是「跑得像鬼一樣」（Run like hell），你當然會經歷一段地獄般的時刻。拿出你的犄角、叉子、披風或惡魔尾巴，讓自己融入比賽的氣氛吧！說不定你的裝扮可以贏得有趣的獎項。然後上拍賣網站碰碰運氣，說不定你就是那個得到背號 666 的幸運者。你們會跑過薩倫老城區的「鬧鬼」街道，最後抵達煙霧瀰漫的「地獄」：這是一定的，魔鬼追趕 6.66 英里就是要讓你們激動興奮。

info
類型：道路
距離：7 到 14 歲兒童 0.666 英里（1.07 公里），成人 6.66 英里（10.72 公里）
參賽資格：7 到 14 歲的兒童報名 0.666 英里，18 歲以上報名 6.66 英里。13 歲以下的孩童必須有一名家長或監護人簽名同意
氣溫：不一定，大約 15℃ 左右
獎牌：有，每位 6.66 英里的參賽者都有獎牌
報名：bnseventmanagement.com
實用資訊：你沒有辦法到薩倫過萬聖節？如果你報名虛擬路跑，就可以在世界上的任何地方參加這項活動。背號與活動 T 恤會先寄給你，但你必須以郵寄的方式回報成績，才能收到參賽證明。路跑結束後，年滿 21 歲的參賽者將獲邀前往一間酒吧參加萬聖節活動，並可獲得彩蛋、血腥瑪莉和其它的好東西。建議你提早訂房，因為薩倫每逢萬聖節都會吸引大批觀光客

28 髒狗15公里越野路跑
（Dirty Dog 15K Trail Run）

地區：美國，國家公園（西維吉尼亞）（USA,National Park，West Virginia）

時間：5月

參加這項特別的比賽，你可以跟你的狗一起跑 15 公里，除了最開始的 1 英里，你不一定要把狗繫在身邊，你們可以在狹窄的步道和泥土路上玩得很開心。

info
類型：偏離道路，跟狗一起跑
距離：15 公里
參賽資格：年滿 9 歲，名額限定 400 人
氣溫：11 到 13℃
獎牌：沒有
報名：wvmtr.org/events/dirty-dog-15k-trail-run-2009
實用資訊：你的狗必須全程在你的視線範圍內，每名跑者最多可以有兩隻狗同行

29 髒女孩泥漿路跑（Dirty Girl Mud Run）

地區：美國好幾個城鎮

時間：以官方網站為主

這是僅限女性參加的路跑，沿途設置了玫瑰障礙，不過不是公主的玫瑰，而是女戰士的玫瑰！非常適合混合式健身的愛好者和喜歡玩泥巴的女生。這項比賽同時也向對抗乳癌的女性致敬，無論她們是輸掉了戰役或者戰勝了敵人。

氣溫：不一定，但是天氣通常夠熱，才能穿短褲和 T 恤

獎牌：有

報名：godirtygirl.com

實用資訊：男性只能在現場當啦啦隊。終點設有沖水站，但不是可以更衣的淋浴間

info

類型：障礙賽，女性專屬

距離：大約 5 公里

參賽資格：女性年滿 14 歲，但 18 歲以下的女孩必須有家長簽名的同意書才能參加。會有300 個名額保留給戰勝癌症的女性

雙重路跑
一種新形態的道路路跑
Runner's World雜誌的創辦人巴勃安德森於2010年首度舉辦。

原則很簡單：你在同一天內參加兩場距離不同的路跑。一定是先跑長距離，例如說，在15公里雙重挑戰，你會先跑10公里，再跑5公里。在兩場路跑中間會有一段休息時間，你可以伸展、放鬆，跟其他的跑者打招呼，趁機補充水分；中場休息的地點還有按摩師、按摩滾筒、伸展地墊，以及食物補給站。兩場路跑的出發時間是固定的，跑得快的人就有稍微長一點的休息時間。出發時間的間隔是根據路跑的距離來決定，例如15公里雙重挑戰，5公里的出發時間就訂在10公里出發105分鐘以後，讓速度最慢的跑者也有足夠的時間在重新出發前稍微放鬆一下。

第二場路跑結束後，將兩場路跑的時間加總，就是你的最後成績。這個概念受到歡迎，很多地方開始舉行雙重路跑，主要是美國，還有一些其他的國家。有一個協會專門舉辦這一類的活動，也有專門介紹雙重路跑的雜誌。這些不同距離的路跑，讓全家人都可以參加。有一點很有趣，當中場休息結束時，在10公里跑得最快的男性和女性跑者，將會穿上跟環法自行車比賽一樣的黃背心，表示他們是領先者。

這項路跑會發獎金，其中40%的金額分配給超過40歲的跑者。所有的參賽者都有獎牌，分齡組的前5名則有特別的獎牌。活動的收入將會投入一項跟年輕人有關的跑步計畫。雙重路跑最密集舉辦的地區是加州、內布拉斯加州和奧克拉荷馬州，不過在佛羅里達州、墨西哥、印尼、日本、希臘甚至肯亞也舉行過類似的活動。

info
網址：doubleroadrace.com

30 迪士尼公主半程馬拉松週末
（Disney Princess Half Marathon Weekend）

地區：美國，迪士尼世界（佛羅里達州）（USA,Disney World,Florida）

時間：1月和2月

對於一直有公主夢的女孩來說，在迪士尼度過週末並參加路跑最適合你了。可以趁此機會穿上蓬蓬裙、戴著迷人公主的皇冠去參加。娜塔莉聖馬丁參加過玻璃鞋挑戰賽，也就是10公里＋21公里，她說：「迪士尼真的是所有夢想成真的地方！根據你跑的距離，會經過艾波卡特主題樂園和神奇王國，還可以遇到不同的迪士尼人物。這一切簡直是太神奇了！」

---

info

類型：道路，趣味，可以穿著公主裝跑

距離：5公里、10公里、21公里、玻璃鞋挑戰賽（10公里＋21公里），另外還有兒童組的比賽，會爬的小寶寶可以去參加尿布短跑

參賽資格：沒有限制，10歲以上可以參加5公里和10公里，14歲以上可以參加半程馬拉松和玻璃鞋挑戰賽。兒童組有一些項目開放給小寶寶和13歲以下的孩子參加

氣溫：介於10到22℃

獎牌：有，而且很受歡迎，因為色彩非常鮮豔

報名：rundisney.com/princess-half-marathon

實用資訊：可以扮裝，主辦單位甚至鼓勵你這麼做，但是不能戴面具。與其為了比賽前一天的義大利麵晚餐額外付費，不如在樂園內找一間餐廳用餐，可以省下至少50%的餐費

31 從海岸到海岸馬拉松
（Edge to Edge Marathon）

地區：加拿大，尤克盧利特（卑詩省）（CA,Ucluelet,British Columbia）

時間：6月

這項馬拉松在溫哥華島的西岸舉行，你可以欣賞到卑詩省和西太平洋海岸步道（West Pacific Trail）最美麗的景點之一。來自蒙特婁的喬瑟胡勒，在2013年參加過這項路跑，她很喜歡這條景色壯麗的路線，出發點多菲諾（Tofino）是個可愛的小漁村，據說每年都會吸引大批觀光客；接著穿過一片森林，跑過海灘，抵達終點尤克盧利特，是位於海邊的小鎮。這項馬拉松的路線每年都會調整，讓跑者覺得很開心，而且沿途的美景總是令人陶醉。「這是很有人情味的馬拉松，這一點也為參賽的經驗加分。無論你是跑者或者志工，每個人看起來都是開心的」，喬瑟胡勒這麼說。由於卑詩省的這個區域是度假勝地，何不深入探訪多菲諾和西太平洋海岸步道，還可在海灣裡划獨木舟或海邊衝浪。

---

info

類型：道路，路面多變（柏油路、步道、海灘）

距離：21公里、42公里、42公里4人接力

參賽資格：年滿19歲

氣溫：介於11到15℃

獎牌：有，無論跑多少距離都有

報名：edgetoedgemarathon.com

實用資訊：沿途的道路沒有交通管制，所以一定要遵守交通規則

32 電光夜跑
（Electric Run）

地區：好幾個國家

時間：不同的日期

你喜歡夜跑嗎？喜歡燈光色彩繽紛的氣氛嗎？那你一定要來試試電光夜跑。這是截然不同而令人陶醉的世界，色彩絢麗的燈光和奇妙的音樂，使得參加電光夜跑成為不平凡的體驗。你也可以成為奇觀的一部份，跳舞、跑步、盡情玩樂，在每一站之間，以充滿創意的裝扮，為衣服加上螢光燈、LED 燈、閃光燈或發光棒，讓其他跑者看得眼花撩亂，你就是當天晚上的大明星。

從螢光點綴的樹叢間跑過去，燈光隨著音樂改變顏色，巨人柱仙人掌在發光，彩色噴泉跟著節奏在跳舞，還有燈光的彩虹……這是彩色糖果般的魔法世界，在這個世界裡，你只想感受更多的歡樂。

info

類型：夜間，不計時

距離：5 公里

參賽資格：沒有限制

氣溫：在世界各地一年到頭都有這種活動，氣溫不可能一致

獎牌：沒有，畢竟路跑不計時

報名：electricrun.com （只限於美國舉行的比賽）

實用資訊：這種路跑在加拿大的前景未明，不過在美國、歐洲和亞洲都有電光夜跑

33 艾維斯5公里/10公里短跑
（Elvis 5K/10K Dash）

地區：美國，奧林匹亞（華盛頓州）（USA, Olympia, Washington）

時間：1月

貓王還活著！但是你知道如何從一群穿著連身褲、頭戴黑假髮、留鬢角、戴金屬框太陽眼鏡的跑者中認出貓王嗎？為了混淆其他的跑者，穿上你最帥的連身褲來參加比賽吧！即使你對扮裝興趣不大，還是可以來聽聽其他的模仿者演唱貓王最有名的歌曲，吃到他最喜歡的點心：夾花生醬、香蕉、楓糖和培根的烤三明治。

info

類型：道路，扮裝

距離：5 公里、10 公里

參賽資格：沒有限制

氣溫：介於 1 到 8℃

獎牌：沒有，不過有完賽獎品貓王圍巾一條，以及從他的連身褲得到靈感的 T 恤一件

報名：elvisbirthdaybash.com

實用資訊：同時舉行最帥貓王扮裝比賽

34 毛皮5公里趣味路跑與健走（Furry 5K Fun Run and Walk）
地區：美國，西雅圖（華盛頓州）（USA,Seattle,Washington）

時間：6月

這項路跑是西雅圖動物庇護之家最重要的募款活動。每一年有超過1千人和2千隻狗，為了這個慈善的理由，參加5公里的路跑或健走。路跑結束時，有一些非營利組織以及業務與狗相關的地區性或全國性企業，已經在終點處擺好攤位，準備為你介紹產品、服裝，或是他們所提供的服務。

info
類型：道路，帶狗一起行善
距離：5公里路跑或健走
參賽資格：人類沒有限制，狗必須至少滿6個月
氣溫：大約21℃
獎牌：沒有，不過會頒獎給分齡組的優勝者，主人和狗也可以參加抽獎
報名：furry5k.com
實用資訊：主辦單位鼓勵跑者向親友募款，為西雅圖動物庇護之家爭取更多的經費

35 美國啤酒廠路跑（Great American Brewery Runs）
地區：美國的幾個城鎮

時間：日期不一定

參加在美國東岸的幾個城鎮舉行的美國啤酒廠路跑，可以趁機認識一些當地最好的手工啤酒。每一場5公里路跑都是在頌揚釀啤酒大師們的專業技能，它其實是啤酒節的其中一項活動，例如參加5月的狐步舞5公里路跑，或者9月的飛魚5公里路跑，可以參觀一些小規模的啤酒廠，並享受現場音樂演出。每位跑者都會拿到一個活動專屬的紀念啤酒杯，杯子裡當然是裝滿了手工啤酒。

info
類型：道路，主題路跑
距離：5公里
參賽資格：年滿18歲
氣溫：不一定，要看路跑的地點和時間
獎牌：沒有，不過會送你一個啤酒杯，還有紀念品
報名：greatamericanbreweryruns.com
實用資訊：小酒廠按照先來先服務的原則，進行遊客導覽

36 奧利維奧索尤斯酒莊半木塞馬拉松週末
（Half Corked marathon Weekend Oliver Osoyoos Winery）

地區：加拿大，奧索尤斯（卑詩省）
（USA,Osoyoos,British Columbia）

時間：5月

　　奧索尤斯位於加拿大最好的葡萄酒產區之一。結合實用與享受，來參加這項「馬拉松」吧！其實全程只有18公里。你可以趁機探訪不同的酒莊，認識當地的美食和美酒。這個活動太受歡迎了，主辦單位發出背號之前還得先抽籤。試試你的機會，加入喜歡享樂的跑者行列吧！這項路跑不計時，所以你的時間很充分。

info

類型：美食
距離：18公里
氣溫：介於10到24℃
獎牌：沒有，不過有葡萄酒喝
報名：oliverosoyoos.com
實用資訊：沿路都有設置流動廁所。這條路線跑起來算輕鬆，只有一兩處丘陵起伏

37 熱巧克力15公里與5公里路跑（Hot Chocolate 15K/5K）
地區：美國的幾個城市

時間：日期不一定

美國人稱它為最甜的路跑。自從2008年首度在芝加哥舉行以來，這項路跑已經擴展到美國的十幾個城市，有超過20萬人跑完5公里或15公里，就是為了吃巧克力的樂趣。一開始起跑，你短褲口袋裡的巧力克戰利品就會逐漸增加，不過最開心的還是抵達終點後，有人奉上一大杯熱巧力作為獎勵，還有巧克力鍋和沾巧克力吃的甜食。這項全家同樂的活動可以讓你吃糖吃到爽！

info

類型：道路，美食

距離：兒童路跑、5公里、15公里

參賽資格：沒有限制，不過未滿12歲的兒童必須有一名成年人陪伴

氣溫：不一定，要看比賽的地點和時間

獎牌：有，尤其是15公里路跑一定有獎牌

報名：hotchocolate15k.com

實用資訊：主辦單位送給跑者的福袋，拿到真的很值錢。2015年的福袋裡有一件超好看的聚酯纖維毛衣

38 耶誕鈴聲為類風濕關節炎而跑或健走
（Jingle Bell Run/Walk for Anthritis）
地區：美國的許多城鎮

時間：從11月中旬到12月初

　　近30年以來，從11月中旬到12初，橫跨美國東西兩岸的上百個城鎮都會舉行耶誕鈴聲路跑。在耶誕節的氣氛中，為數眾多的跑者參加這項慈善活動，募到的經費將投入類風濕關節炎的研究。你可以打扮成小妖精、星星仙子、聖誕老人、雪人或任何來自於集體幻想的角色，或是簡單的在鞋帶上繫幾個鈴鐺，然後加入這群快樂的跑者，在你自己選擇的城市，做出一點改變，一次一步就好。

info

類型：道路，耶誕，扮裝

距離：1英里（1.6公里）、4英里（6.4公里）

參賽資格：沒有限制，不過未滿18歲的人必須有家長簽名的同意書。小朋友甚至可以坐娃娃車來參加。有些比賽可以跟狗一起跑，不過狗要有繫繩，也要有同意書（由主人簽名）

氣溫：大約10℃，不過每一年的差別可能會很大，所以建議衣服要多穿幾層

獎牌：只有每個組別的優勝者可以領獎

報名：arthritis.org/get-involved/jingle-bell-run-walk

實用資訊：報名者必須參與贊助活動

拉斯維加斯搖滾馬拉松與半程馬拉松
（Las Vegas Rock'n'Roll Marathon & 1/2 Marathon）

地區：美國，拉斯維加斯（內華達州）（USA,City of Las Vegas,Nevada）

時間：11月

拉斯維加斯馬拉松與半程馬拉松是最適合夜貓子的路跑。你可以趁這個機會跑在鼎鼎大名的賭城大道（The Strip）上，所有的賭場都位於這條大道的兩側。「這裡的氣氛很特別，」來自的格蘭比（Granby）的南西希爾如此表示，她和她姐姐參加過 2014 年的半程馬拉松，「因為是在晚上跑，整條路上都可以看到拉斯維加斯璀璨輝煌的燈光。我們沿著賭城大道來回跑，還經過拉斯維加斯的老城區，那邊最有名的就是一些小教堂，每年有數以千計的情侶，花少少的錢和幾分鐘的時間，在這些小教堂結婚。」

這項路跑是唯一能夠讓賭城大道封街交管的民間活動，所以也是唯一能夠讓這條路「屬於你」的機會，當然啦！你還是得跟另外幾千名跑者共享，不過這樣才有節慶的氣氛，而且沿路都有現場音樂表演，在音樂的帶動下更讓你覺得充滿活力。抵達終點後，可以享用一杯啤酒來慶祝你的成就。

---

info

類型：道路

距離：21 公里與 42 公里（星期六還有一場 5 公里路跑；星期天在半馬和全馬開跑之前，有一場距離將近 10 公里的路跑）

參賽資格：成人和 8 歲以上兒童可以 5 公里路跑，年滿 10 歲可參加 10 公里路跑，年滿 12 歲可參加半程馬拉松，只有年滿 18 歲的人才能參加全馬

氣溫：平均介於 5 到 18°C

獎牌：有

報名：runrocknroll.com/las-vegas

實用資訊：這項比賽唯一美中不足的是出發點沒有人數控管，所以起跑後必須先設法超越一些速度比較慢的人。補給站物資充裕，賽後的自助餐也非常豐盛

40 美食路跑（Les Courses gourmandes）

地區：加拿大，魁北克省（CA,Quebec）

時間：全年都有活動

你想在跑半程馬拉松的途中順便吃一點楓糖麥芽糖或者喝一口楓糖漿嗎？在跑完 10 公里之後品嘗小規模啤酒廠的啤酒、家常墨西哥菜和楓糖派，你會有興趣嗎？美食路跑是為了喜歡享樂的跑者所舉辦的路跑，也是最適合你的活動。

這些從 2013 年開始舉辦，以美食為主題的路跑，鎖定的是純粹的享樂主義者。第一屆舉辦的時候，連獎牌都以楓糖鑄模製作，可以拿來吃。不過後來就改用金屬材質，顏色很鮮豔，上面印著活動的標誌。

美食路跑讓你有機會在跑步的同時和跑完之後，認識當地的特產美食。有時候把傳統的香蕉換成更可口的點心也不錯啊！來自格蘭比的克羅蒂西樹曾經參加過第一屆的活動，那也是她第一次參加路跑，從此以後，她就變成無可救藥的腦殘粉，一次又一次報名參賽或者當志工。「我最喜歡的還是酒莊半程馬拉松，那是在景觀迷人的丘陵地帶舉行的路跑，有很多上坡下坡，不過跑完就能喝到酒的信念，給我足夠的力量支撐到終點。」她還記得跑到第 8 公里時已經快要累死了，腿也完全不聽使喚，她對一名志工大喊：「我到底為什麼要跑啊？」人家回答：「為了獎牌。」她對這個答案不滿意，志工就補

上一句：「為了酒！」於是她的臉上忽然綻放光彩，就這樣一股作氣全力往前衝，一路直達終點！

這項活動已經發展到相當的規模，最主要的有下頁的 5 場路跑，再加上一些小驚喜。

---

info

類型：道路，美食

距離：1 公里、5 公里、10 公里、21 公里

參賽資格：沒有限制

氣溫：不一定，要看季節

獎牌：有，而且會印上活動的標誌，顏色鮮豔，很漂亮

報名：lescoursesgourmandes.ca

實用資訊：報名費很合理，對跑者來說物超所值。而且這是少數會免費提供活動照片的路跑比賽

主要 5 場美食路跑		
月份	名稱	活動內容
2 月	冰酒半程馬拉松	在冬季舉行，可以品嘗冰酒。
4 月	楓糖半程馬拉松	春天來臨也是楓糖採收的時刻，可以品嘗最具代表性的楓糖食品。
5 月	酒莊半程馬拉松	路線穿梭在葡萄園之間，可以品酒。
10 月	美河森林半程馬拉松	欣賞田野風光，品嘗洛朗第的當地特產。
11 月	小規模啤酒廠半程馬拉松	往往是當季最後壓軸的一場路跑，更是手工啤酒的盛宴，在終點還有「慰勞大餐」招待。
2016 年新增 2 項活動主題		
月份	名稱	活動內容
3 月	巧克力路跑	這項路跑標榜 100% 的巧克力，不計時。
12 月	糖果路跑	跑者感覺自己彷彿進入〈糖果屋〉的童話世界，只是裡面沒有壞巫婆！

41 瑪德蓮路跑（Madelicourons）

地區：加拿大，瑪德蓮群島（魁北克省）（CA,Madeleine,Quebec）

時間：7月

瑪德蓮群島獨特的美總是讓探訪過的人難以忘懷，去了還想再去。長達 300 公里幾乎保持著原始風貌的海灘，壯麗的景色，波濤起伏的海面和從四面八方吹來的風，都是這個地方的特色。每年夏天 1 到 7 月，島上的居民和一些訪客就會踴躍參加瑪德蓮路跑。對當地人來說這可是一件大事，他們往往訓練一整年，就是為了這項全島唯一的路跑活動；他們甚至會去找一套訓練計畫來幫助自己跑到心目中的理想距離。

來自蒙特婁的阿朗德伊歐在當地買了房子，每年夏天都會去度假。他很喜歡這項路跑的路線，從阿弗爾歐貝（Havre Aubert）出發，借道 199 號公路，然後沿著風箏衝浪者很喜歡的阿弗爾歐巴斯克潟湖一路往前跑。「這片景色美極了！跑在普拉森瑟灣和潟湖之間的狹長海灘上，彷彿置身於某個熱帶地區。而且我的經驗是差點跑到恍神，因為一半以上的路程是一條長長的直線，沒有高低起伏，有超過一個鐘頭的時間風景幾乎沒有變化，儘管非常的美。到達馬丁尼克海灘才把我們拉回現實，往拉維尼耶綜合中學那段上坡路則是超乎想像的陡，必須擠出最後的力氣才能跑到終點。」

2014 年他參加半馬時，剛好沒什麼風，這在島上是非常罕見的情況。不過無論天氣如何，這項沒有太大野心的比賽所散發出的眾人同樂氣氛，反而更能取悅那些喜歡有人情味的小型路跑的人。

---

info

類型：道路

距離：5 公里、10 公里、21 公里

參賽資格：沒有限制

氣溫：介於 16 到 22℃

獎牌：沒有，但是會有一張參賽證明

報名：拉維尼耶育樂中心，電話 418-937-5138（也可以參考瑪德蓮島觀光局的網站）

實用資訊：儘管這些小島位於魁北克省，從蒙特婁經由公路前往，至少要花 16 個小時，再從艾德華王子島的微笑港搭乘 5 個小時的渡輪才到得了；從蒙特婁搭飛機前往大約需要 3 個小時。這些島在夏季時遊客眾多，想去玩的人一定要提早幾個月訂好機票或船票，還有住宿。可以趁機去吃螯龍蝦，因為舉行路跑的時間，通常是捕螯龍蝦季節快結束的時候

42 班夫馬拉松（Banff Marathon）

地區：加拿大，班夫國家公園（亞伯達省）（CA,Banff National Park,Alberta）

時間：6月

班夫馬拉松是加拿大唯一全程都在國家公園內舉行的路跑，它從一個景色秀麗的小鎮出發，沿途的自然風光美得令人讚嘆，山勢的壯闊簡直不可思議，原始冰川湖的藍綠色更令人一見難忘。坦白說，它絕對可以列入加拿大最為「上相」的馬拉松之一。

你還有可能在半途中遇到馴鹿，甚至熊。班夫國家公園被聯合國教科文組織列入世界文化遺產，為了保留這個地方獨特的原始風貌，參加者的人數限制在 1500 人以內，路跑也隨時可能需要繞路或延後，以免遭遇動物，危及牠們或你自己的安全。有一年，路跑的路線上甚至出現 7 隻灰熊！不過你放心，主辦單位會密切監視他們的行蹤。

這項路跑有一大段路程經過博谷公路（Bow Valley Parkway），這條從班夫到路易斯湖的道路視野絕佳。馬拉松的前一天先進行孩子們的路跑活動，並且在公園裡舉行一場盛大的音樂會，邀請一些知名藝人上台演出，因此總是吸引很多人來觀賞。

---

info

類型：道路

距離：10 公里、21 公里、42 公里

參賽資格：到了舉辦比賽那一年的除夕時，已經滿 12 歲的人可以參加 10 公里，滿 14 歲可以參加 21 公里，滿 16 歲可以參加 42 公里

氣溫：大約 19℃

獎牌：21公里和42公里這兩個項目有獎牌，不過每一位跑者都可以得到一件Helly Hansen 的人造纖維毛衣。每一個分齡組的優勝者也有獎牌

報名：banffmarathon.com

實用資訊：雖然路跑在山區舉行，這條路線的爬坡路段並不多。班夫國家公園的解說處會設置食物補給站，你在路上看到什麼沒見過的東西，志工也會很樂意為你解說。應用程式 Runkeeper 有提供一個準備跑馬拉松的訓練計畫，無論是新手或程度好的跑者都可利用

42

43 波士頓馬拉松（Boston Marathon）

地區：美國，波士頓（麻薩諸塞州）（USA,Boston,Massachusetts）

時間：4月

　　傳奇的波士頓馬拉松是全世界最熱門的 6 項馬拉松之一。多少跑者夢想成為 BQ，也就是 Boston Qualifiers，波士頓馬拉松的參賽者，因為這可不是誰都能參加的路跑：首先你必須參加一項主辦單位認可的路跑，而且成績達到一定的標準；即使如此，也不保證絕對能取得參賽資格。路跑當天早晨，接近 3 萬名跑者將在這項備受期待而且被媒體熱烈報導的活動中，驗收他們整個冬季訓練的成果。「波士頓馬拉松有將近 120 年的歷史，主辦單位非常專業」，來自維登（Verdun）的米樹庫桑如此表示。他參加過這項路跑 6 次。「一切的考量都是為了給跑者最好的體驗，從最初的通知到路跑後的慶祝活動都是如此。慶祝活動的地點還是傳奇的芬威棒球場，波士頓紅襪隊的主場。」

　　這項馬拉松的路線會經過 7 個城區以及一些歷史建築，可以說每個路段都有景點。整體來說，有超過 50 萬人會趁著愛國日的長週末假期，前來為這些參加馬拉松的優秀跑者加油。路跑半途中的「尖叫隧道」^註特別引人注目：一群衛斯理學院的學生們依據傳統舉著標語牌，鼓勵你停下來接受一個吻。

info

類型：馬拉松，另外有開放給跑者的親友參加的 5 公里路跑

距離：5 公里（星期六）、42 公里（星期一）

參賽資格：跑者必須在主辦單位認可的某些路跑中達到一定的成績，並且在 9 月時報名成功，才能取得參賽資格

氣溫：介於 13 到 20℃

獎牌：有

報名：baa.org/races/boston-marathon.aspx

實用資訊：波士頓馬拉松不只是一場路跑，它是一整個週末的節慶活動，包括約翰漢考克運動健身博覽會（John Hancock Sports & Fitness Expo），以及星期六早晨的 B.A.A.5 公里路跑，8 千名馬拉松跑者將和他們的家人以及支持者一起參加；馬拉松結束後還有芬威球場開放參觀活動。跑者必須搭乘交通車前往路跑的出發地點，基於安全考量，交通車上不得攜帶任何提袋或背包

●註：經過尖叫隧道（Wellesley Scream Tunnel）的賽段，因為地緣關係，名校衛斯理女子學院的學生們，會以火辣的裝扮，夾帶熱情尖叫聲或舉牌向跑者索吻，長久下來，也形成波士頓馬拉松的加油傳統。

44 鱈魚角馬拉松（Cape Cod Marathon）

地區：美國，鱈魚角（麻薩諸塞州）（USA,Cape Cod,Massachusetts）

時間：10月

　　美國東部景觀最美的海岸路線之一，秋天最繽紛的色彩，鱈魚角馬拉松就是這兩個條件的結合。這項路跑的主辦單位法爾茅斯徑賽俱樂部（Falmouth Track Club）是一個非營利組織，他們想要鼓勵不分年齡的人從事跑步或健走運動。半程馬拉松在星期六舉行，全程馬拉松在星期天舉行。如果你兩種比賽都想參加，就必須以個人的身份報名巧達挑戰賽；不過從 2016 年開始有新的選項：接力賽，每一名跑者只要跑半程馬拉松的一半距離和全程馬拉松的一半距離。

info

類型：道路

距離：21 公里和 42 公里，巧達挑戰賽 21 公里＋ 42 公里，半殼接力賽 21 公里＋ 42 公里

參賽資格：年滿 8 歲

氣溫：大約 13℃

獎牌：有

報名：capecodmarathon.com

45 芝加哥馬拉松（Chicago Marathon）

地區：美國，芝加哥（伊利諾州）（USA,Chicago,Illinois）

時間：10月

芝加哥馬拉松是傳奇等級的重要比賽，跑者們會希望一生中至少參加過一次。來自蒙特婁的史蒂芬杜蒙在 2014 年跑過這項馬拉松，認為它是全世界辦得最成功的路跑之一，無論是路線、後勤補給或安全措施，全都無懈可擊，「要接待 4 萬 5 千名跑者，不可能只靠隨機應變！它的名氣響亮，不過其實很平坦，所以你有可能跑出非常好的成績。在幾個鐘頭內，你可以探訪佔地廣闊的千禧公園，看到巨大的「雲門」雕塑（Cloud Gate），觀光客都喜歡在這裡自拍；你也會路過一些不可思議的歷史建築，再加上那幾塊著名的看板，為爵士俱樂部的美好時代留下見證，這類型的音樂在這座城市似乎仍然很受歡迎。這是一條經過仔細規劃，並且融入文化、歷史、人文精神、自然與建築的路線。」

跑過最後一段看似平坦的 500 公尺，光榮抵達氣派的白金漢噴泉前方的終點時，樂隊奏樂彷彿在迎接大明星，這一切都是為了讓跑者開心！志工發送能量膠、香蕉、柳橙給你的時候面帶微笑，還有非常多的圍觀群眾給你鼓勵，你真的會覺得自己參加的是一場國際規模的路跑。「還有一件錦上添花的事，就是在路跑隔天早上的芝加哥論壇報上看到自己的名字，他們會把本次所有完賽跑者的姓名都刊登在第三版。」

馬拉松跑完後有名為「第 27 英里」的慶祝活動。接下來如果你有心情繼續慶祝，可以找一間有加入 312 Urban Wheat 活動的酒吧續攤。這什麼狀況？是這樣的，先把獎牌展示給這些贊助商家的前 312 位跑者，可以喝到一杯免費的啤酒。你的跑者短褲口袋裡也會有一張免費啤酒招待券 。

---

info

類型：道路

距離：42 公里

參賽資格：年滿 16 歲，不過未滿 18 歲的跑者必 需有一名家長或監護人簽名的同意書

氣溫：介於 7 到 18℃，而且芝加哥號稱為風城，風很大

獎牌：有

報名：chicagomarathon.com（要抽籤，如果沒抽中，可以為某個慈善組織而跑並捐款做公益）

實用資訊：芝加哥馬拉松有一個手機應用程式（iPhone 和 Androidi 都適用）。參賽者指南有多種語言的版本，包括法文與簡體中文。為了方便跑者通行，格蘭特公園的觀眾入口處會先封閉，等到馬拉松跑者全部都出發後才重新開放

普萊西德湖馬拉松（The Lake Placid Marathon）

地區：美國，普萊西德湖（紐約州）（USA,Lake Placid,New York）

時間：6月

普萊西德湖的名氣，主要來自於它曾經舉辦 1980 年的冬季奧運，此外這裡也是北美鐵人賽十分重要的一站，一年到頭都可以看到運動員在練習鐵人三項。每年 1 到 6 月，這個城鎮就變成舉行馬拉松的地點。來自聖榮上里施留（Sanit-Jean-sur-Richelieu）的馬丁杜波參加過 2014 年的路跑，「不同於許多其它的路跑，這裡沒有摩天樓，放眼望去都是自然景觀，還有冬季運動的設施。這個馬拉松的高度起伏很大，讓我付出相當慘痛的代價，因為我會報名只是一時衝動！」馬拉松的路線會穿越一片群山圍繞的林地，沿著非常美麗的河岸跑一段時間，並且從壯觀的滑雪跳台前面通過。還有一段路會經過普

萊西德湖漂亮的市中心，路旁有商店和餐廳。「終點是奧運滑冰場，不過為了拿到獎牌，你必須克服最後一段上坡，但坡度實在太陡，只能以之字形跑上去！普萊西德湖馬拉松的規模不大，不過很有人情味。賽程安排得很好，當地的居民也非常地親切。」

舉行路跑的前一晚，金箭酒店（L'hotel Golden Arrow）的世代餐廳會供應一頓義大利麵晚餐，只要花 20 幾塊美金，就可以吃到主廚特別準備的美味義大利麵。這是個讓肚子填飽碳水化合物的好機會，因為你將會需要動用所有的能量以應付明天早上的爬坡。

info

類型：道路

距離：星期六兒童組比賽，成人21公里、42公里

參賽資格：21 公里沒有年齡限制，不過未滿 18 歲的跑者必需有一名家長或監護人簽名的同意書；42 公里必須年滿 18 歲

氣溫：不一定，因為地點在山區，平均 21℃

獎牌：有，所有的完賽都有獎牌，不過你必須在 6 小時以內跑完

報名：lakeplacidmarathon.com

實用資訊：跑完之後可以到健身革命健康俱樂部（Fitness Revolution Health Club）免費沖澡。供應義大利麵晚餐的金箭酒店，從馬拉松的出發點步行可以抵達

47 小岩城馬拉松（Little Rock Marathon）

地區：美國，阿肯薩斯州（紐約州）（USA,Arkansas,New York）

時間：3月

　　小岩城馬拉松會出名是因為獎牌，那是跑者所能拿到的最大尺寸獎牌。另一個原因是它每年換主題，所以各方面都會跟著變動，包括現場布置、賽前說明會、獎牌與賽後活動，有許多跑者也樂得根據主題來扮裝。

　　沿途會看到一些獨特又令人發噱的景象，例如沙發馬鈴薯之路，在一段路的兩旁擺放沙發，還有志工奉上垃圾食物，例如脆片；另外有一個口紅站，你可以塗一點口紅，讓你抵達終點拍照時看起來氣色更好。任何類型的跑者都可以參加這項路跑，儘管一路上有好幾個地方要爬坡，最大的上坡路段是在剛起跑的地方。主辦單位也免費提供路跑訓練計畫，幫助你準備參賽。

---

info

類型：道路

距離：小岩城兒童馬拉松、5 公里、10 公里、21 公里、42 公里

參賽資格：一到七年級的學生可以參加小岩城兒童馬拉松；5 公里和 10 公里沒有年齡限制，12 歲以上可以參加 21 公里，16 歲以上可以參加馬拉松

氣溫：4 到 15℃

獎牌：所有的完賽者都有獎牌。馬拉松的獎牌很大，經過 Runners World 雜誌認證，它是全世界的路跑活動中獎牌最大的

報名：littlerockmarathon.com

實用資訊：為了讓各種類型的跑者都能跑完馬拉松，主辦單位把完賽期限訂為 8 小時，比絕大多數馬拉松的時間還要長。這項路跑的成績可以被波士頓馬拉松認可。為了參加小岩城兒童馬拉松，一到七年級的孩子必須跑相當於 40 公里多一點；他們在成年人或學校或某個組織的監督下，分成很多次跑，時間可以長達幾個星期，甚至幾個月，最後才在小岩城兒童馬拉松舉行當天，跑完剩下的 1 英里，這樣就算正式完成馬拉松，可以領到獎牌

48 洛杉磯馬拉松（Los Angeles Marathon）
地區：美國，洛杉磯（加州）（USA,Los Angeles,California）

時間：2月

　　洛杉磯是電影工業的重鎮，也是美國第二大城市。每一年都有來自全美各州以及超過 55 個國家的跑者，齊聚此地參加馬拉松。來自蒙特婁的芭絲卡雷圖諾和皮耶雷維耶，參加了 2015 年的路跑。他們各有自己的參賽理由：芭絲卡是演員，能夠路過星光大道和好萊塢，也算是跟自己的職業有緣；皮耶參加過 1984 年的洛杉磯奧運，這項活動讓他有機會在 30 年後重溫舊夢。馬拉松的出發點道奇球場是棒球愛好者心目中的聖殿，終點聖塔莫尼卡（Santa Monica）則有洛杉磯人氣最旺的海灘。

---

info

類型：道路

距離：5 公里、42 公里

參賽資格：年滿 16 歲

氣溫：介於 8 到 18℃，也有可能升到很高

獎牌：有，還有獎品頒給優勝者

報名：lamarathon.com

實用資訊：2015 年馬拉松舉行那一天，熱浪侵襲洛杉磯，氣溫高達 28℃。所以要有面對最糟狀況的心理準備

米蘇拉馬拉松（Missoula Marathon）

地區：美國，米蘇拉（蒙大拿州）（USA,Missoula,Montana）

時間：7月

　　這項路跑曾經多次名列美國最佳的馬拉松之一。沿途會經過一些牧場和幾座橋，橋下的河畔有人以飛蠅釣法[註]在釣魚（河當然是有名的黑腳河，跟電影《大河戀》中的情景一樣），穿越田園鄉間，然後抵達米蘇拉市區，興奮的群眾在這裡熱情地迎接你，彷彿你是美國的總統。米蘇拉真的很歡迎跑者，在這裡舉行的馬拉松也很有人情味，因為當地居民熱愛跑步。主辦單位會喊出「本地有馬拉松路跑經過，還有一兩條河流過」的口號，識別標誌則是一隻馴鹿的雙角上掛著跑鞋，由此可見他們的幽默感。蒙大拿在等你來，你還在等什麼？

info

類型：道路

距離：啤酒路跑，兒童路跑 1.2 公里、3 公里、5 公里、10 公里、21 公里、42 公里

參賽資格：沒有限制

氣溫：早晨4到10℃，接近終點時21到26℃

獎牌：有，5公里、10公里、21公里和42公里都有獎牌，而且很漂亮

報名：missoulamarathon.org

實用資訊：憑這個馬拉松的成績可以去報名波士頓馬拉松。行動不便的人可以坐輪椅參加21公里和42公里的項目（一般的輪椅或競賽輪椅）

註：飛蠅釣（Fly Fishing），利用皮、毛與線製成昆蟲型毛鉤，吸引魚類捕食上鉤，是一項源於英國的戶外休閒。於1997年傳入台灣。

50 紐約馬拉松（New York City Marathon）

地區：美國，紐約（紐約州）（USA, New York）

時間：11月

　　跟波士頓馬拉松一樣，紐約馬拉松也是全世界最熱門的6項馬拉松之一。1970年它首度舉辦時，有55名跑者跑完全程；45年後，在2015年，有49617人穿過終點線，使得這項比賽維持全世界最大規模馬拉松的地位。想參加的人要先報名抽籤，看是否運氣好可以抽中（參考本頁實用資訊）。

　　來自凡爾登（Verdun）的米榭庫桑對於這項路跑有深刻的回憶。他第一次參加是2012年，卻因為颶風珊迪來襲，活動在不到兩天前被迫取消，儘管當時大部分跑者已經抵達紐約。因此他到2013年才總算達成心願。從韋拉札諾海峽大橋出發時，橋面因為幾萬名跑者的腳步而震動，背景聲是現場演唱的〈紐約，紐約〉，還有紐約警方的直升機在頭頂盤旋。跑紐約馬拉松，根據米榭的說法，同時也是在探訪這座傳奇城市的五個象徵性地點：史丹頓島、布魯克林、皇后區、布朗克斯與曼哈頓。「沿途看到黑人小朋友以繫蝴蝶領結的禮拜天裝扮走在教堂前的廣場上，哈西德猶太人對於跑者闖入他們的社區頗有微詞，到了皇后區大橋忽然找回片刻安寧，因為只有跑者能夠上到這座橋，將曼哈頓林立的摩天樓盡收眼底。安靜的時刻短暫，因為一下橋就有興高采烈的群眾夾道歡迎。之後經過布朗克斯和哈林，再以英雄式的姿態奔向最後一站中央公園，由於這裡的地勢甚為高低起伏，跑者抵達終點時真的已經精疲力盡了。」

　　紐約馬拉松同時也有許多當地的樂團，在42公里的路線兩旁表演各種風格的音樂，從雷鬼到搖滾，還包括福音歌曲，加上2百萬名觀眾，使得現場氣氛熱烈到最高點……這一切，是為了吃到那顆裝在終點發送的食物袋裡得來不易的紐約蘋果（紐約的綽號就是大蘋果），也是為了參加過全世界最有名的馬拉松的光榮感。如果你對半程馬拉松比較有興趣，同一個主辦單位（NYRR）向你推薦他們在5月舉辦的半程馬拉松。

---

info

類型：道路

距離：42.2公里

參賽資格：必須年滿18歲才能在NYRR路跑的網站上開設帳號；或參加這項比賽的成年人可以為一名青少年報名，並且陪伴他參賽

氣溫：不一定。等待出發時可以準備一件毛衣或保暖衣物，因為氣溫可能偏低

獎牌：有

報名：tcsnycmarathon.org

實用資訊：如果你的號碼沒有被抽中，還是有可能參加馬拉松，為某個慈善組織募款而跑

51 費城馬拉松（Philadelphia Marathon）

地區：美國，費城（賓州）（USA,Philadelphia,Pennsylvania）

時間：11月

在美國，費城馬拉松肯定是跑者最喜愛的路跑之一。對於很多人來說，一提到這座城市就會想起席維斯史特龍主演的《洛基》系列電影。大家還記得那場戲，洛基在城裡跑步，一路跑上費城美術館的階梯頂端，後面跟著一群追隨者。如今在階梯的起點真的有一座洛基銅像。這項馬拉松辦得很成功，每年都吸引不少加拿大人來參加——其中有些人是想藉此取得波士頓馬拉松的參賽資格，因為費城馬拉松的路線相當平坦。

來自蒙特婁的瑪莉艾芙朗吉和派屈克杜洪洛在這裡參加過 2014 年的路跑，那是他們生平首度跑馬拉松，兩個人都覺得是很美好的經驗。也許是洛基帶來的幸運，瑪莉艾芙只憑這一次馬拉松的成績就取得了波士頓的參賽資格！對她來說，這項路跑很神奇，「經過市區的路段很棒，拱門街的群眾非常熱情；去程和回程都會經過斯庫爾基爾河岸邊，風景很美。」跑到洛基銅像附近時，毫無疑問是比賽中情緒最激動的時刻之一；別忘了第 37 公里附近的補給站會提供一杯啤酒，比賽結束後還可以吃到一頓大餐。派屈克則有個建議，「我敢打賭，幾乎所有的跑者都一樣，跑到階梯的時候會把自己想像成洛基……不過建議最好在跑馬拉松之前先練一練，因為跑完之後，你恐怕連走下階梯都會有困難！」

info

類型：道路

距離：兒童路跑、8 公里、21 公里、42 公里

參賽資格：6 到 12 歲可參加兒童路跑，年滿 12 歲可參加 8 公里，年滿 14 歲可參加 21 公里，年滿 16 歲可參加 42 公里

氣溫：介於 3 到 14℃

獎牌：有，還有一張參賽證明

報名：philadelphiamarathon.com

實用資訊：比賽名額消失得很快，建議你儘早申請背號和預約住宿

52 舊金山馬拉松（San Francisco Marathon）

地區：美國，舊金山（加州）（USA,San Francisco,California）

時間：7月

説到舊金山，就會想起金門大橋和許許多多的上下坡，如同在好萊塢電影裡看到的那樣。這是早起者參加的馬拉松，清晨5點半從渡輪大廈起跑，從這裡望向大海，舊金山灣的美景一覽無遺。「眼前的道路會消失，因為上坡和下坡太陡了」喬瑟佩沃斯特如此解釋，她來自蒙聖西萊（Sanit Mont Hilaire），參加過2014年的路跑。她很喜歡跑向金門大橋時，早晨的霧仍然籠罩一切，「回程往市區方向跑時，奇蹟出現，霧散了，舊金山的市容終於呈現在大家的面前。跑在要塞公園裡，聞著太平洋獨特宜人的海洋氣息，多舒服啊！經過有名的嬉皮區海特艾許伯里（Haight-Ashbury）時，感覺也很好。」舊金山馬拉松的賽程安排得很好，規模也不大（不超過1萬人）。

笑容超級友善的志工親切主動，只為了留給跑者一個難忘的美好經驗，當我們知道他們必須提早在半夜就前往現場待命時，對他們更是加倍感激。由於這裡的上下坡很多，不必期待跑出個人最佳成績。來參加路跑之前，真的要好好練習跑坡道，包括下坡，因為需要大量使用四頭肌，這可是很累人的。喬瑟覺得最困難的路段就是下坡⋯⋯誰想得到呢？由於比賽開始得早，馬拉松在早上就結束了，剩下大半天的時間可以坐在陽台上放鬆，或者去海邊消磨時間。如果你喜歡觀眾幫你加油，最好要有心理準備，比賽一大早舉行，沿路的觀眾真的不多，還是多加強自己的精神力量吧！

info

類型：道路

距離：5公里、半程馬拉松（兩個選擇：馬拉松的前半段或後半段）、42.2公里以及超級馬拉松（也就是跑兩趟舊金山馬拉松中途不休息）

參賽資格：沒有限制；如果未滿18歲，報名表必須有一名家長或合法監護人的簽名

氣溫：介於16到25℃

獎牌：有

報名：thesfmarathon.com

實用資訊：參加超級馬拉松的人從半夜開始出發，逆著馬拉松的路線跑第一趟，然後加入其他的馬拉松參賽者跑第二趟

53

渥太華馬拉松（Ottawa Marathon）

地區：加拿大，渥太華（安大略省）（CA,Ottawa,Ontario）

時間：5月

　　這是加拿大最重要的馬拉松，從數字上來看相當驚人：在 2015 年那一屆，總共有 4 萬 8 千人參加，其中 7 千人跑馬拉松，超過 2 千 5 百名志工擔任後勤補給，還有將近 10 萬名的觀眾。由於氣氛好，許多人選擇以這項比賽作為生平首次的馬拉松體驗，例如來自聖朗洛洪提（Saint-Lin-Laurentides）的卡琳克魯提耶。她很喜歡志工激勵跑者時所展現的活力，而且她覺得賽程安排得很好，「一路上都有節慶的氣氛，尤其到最後幾公里，觀眾加油聲之熱烈，簡直是不可思議！」

Info

類型：道路

距離：2 公里、5 公里、10 公里、21 公里、42 公里

參賽資格：沒有限制，可是未滿 18 歲的人必須有家長簽名的同意書

氣溫：介於 4 到 19℃

獎牌：有

報名：runottawa.ca

實用資訊：你可以自行設計獎牌。Run Ottawa 是進行一整個週末的路跑活動

54 蒙特婁綠洲搖滾馬拉松
（Marathon Oasis Rock'n'Roll de Montreal）

地區：加拿大，蒙特婁（魁北克省）（CA,Montreal,Quebec）

時間：9月

從 1979 年起，每年九月都有成千上萬的跑者來參加蒙特婁馬拉松。這項由阿斯諾家族創辦的活動，經過 30 多年的發展，如今已換人接手，在 2012 年加入搖滾路跑的行列。不過許多人仍然將它視為不可忽視的重要路跑，並為創辦人留下的成就感到驕傲。參加過半程或全程馬拉松的跑者，一輩子都會記得從賈克卡提耶橋出發的情景，在起跑那一刻，橋的景觀真是美極了！馬拉松的路線會探索到城市中不同的角落，包括聖海倫島和聖母院，隨後穿越一些街道，例如有名的貝里斜坡（côte Berri），經過奧運公園附近，最後抵達皇家山高台中央的噴泉公園，一群興奮的觀眾聚集在這裡等待各個項目的跑者抵達終點。

你不可能要求更盛大的迎接場面了！就算不是馬拉松跑者也可以同享榮耀，因為這項活動吸引各式各樣的跑者，包括路跑新人和經驗豐富的高手。來自蒙特婁的瑪莉尚塔勒杜，在 2014 年報名 5 公里的項目，那是她生平第一次參加路跑。這個經驗讓她難以忘懷，「我好喜歡沿途接二連三出現的樂團，他們的音樂彷彿為我加上一對翅膀！當時我才剛開始練跑幾個月，能夠跑完這段路給我帶來成就感，我從此迷上跑步了。當我看到最早抵達的馬拉松跑者，高舉雙手衝過終點線，看起來好像在說他還有足夠的精力接著跑下一場馬拉松，我受到激勵，決定明年要報名 10 公里！」

info

類型：道路

距離：小馬拉松 1 公里、5 公里、10 公里、21 公里、42 公里

參賽資格：年滿 8 歲可以參加 5 公里，年滿 10 歲可以參加 10 公里，年滿 12 歲可以參加 21 公里，年滿 18 歲可以參加馬拉松

氣溫：介於 10 到 18℃

獎牌：有

報名：runrocknroll.com/montreal

實用資訊：比賽當天，跑者可免費搭乘大眾運輸工具。你可以自行設計背號，並且在自己的名字上方加一則很短的訊息

勒維魁北克SSQ馬拉松（Marathon SSQ Levis-Quebec）

地區：加拿大，魁北克（魁北克省）（CA,Quebec）

時間：8月

　　這項活動被跑者稱為「兩河馬拉松」，它的路線可以連結勒維和魁北克。其實這是一整個週末的路跑活動，從星期五晚上開始進行第一個項目，10公里、21公里和42公里則是在星期天舉行。如果你參加馬拉松，就會從勒維出發，先跨越魁北克橋，再沿著山姆德尚普蘭[註]步道繼續跑，最後抵達終點宮廷車站，這是由魁北克和河岸邊的多處美景所串起來的路線。

距離：3公里星星路跑、5公里兒童路跑和5公里成人健康路跑在星期六舉行，10公里、21公里和42公里在星期日舉行

參賽資格：年滿18歲可參加馬拉松，年滿10歲可參加半程馬拉松

氣溫：20℃以上

獎牌：星期天所有的參賽者都有獎牌；參加星期六的兒童路跑，可以拿到發光的獎牌

報名：couriraquebec.com

實用資訊：可以推娃娃車去參加，也可以坐輪椅，不過你要知道這條路線是有高低起伏的

info

類型：道路

● 註：山姆德尚普蘭（Samuel de Champlain），出生於1574年8月13日，是法國探險家、地理學家，也是魁北克城的建立者。

56

芒特迪瑟特島馬拉松（Mount Desert Island Marathon）

地區：美國，緬因州（USA,Maine）

時間：10月

　　你正在尋找一個結合秋天的色調與海岸的風光，風景優美的馬拉松？緬因州的芒特迪瑟特島馬拉松跟鱈魚角馬拉松同樣被列入美國東岸最美的路線之一。這也是適合帶著全家人一起去參加的路跑，因為孩子們可以加入其他的跑者一起跑最後一英哩，所以能夠跟著衝過終點線。跟大人同時抵達終點，多好玩啊！這是個短暫偷閒的好選擇，因為一整個週末都有安排活動，例如星期六早晨的友誼路跑（跑完後還有一頓早餐），馬拉松的前一天也有義大利麵晚餐。來到巴港（Bar Harbor），感覺就好像在度假，這是一個位於緬因河畔的漂亮小鎮，有餐館和民宿，還有

阿卡迪亞國家公園（Acadia National Park），你可以趁路跑前一天的星期六去逛逛。

---

info

類型：道路

距離：兒童路跑 1 英里、接力賽、21 公里、42 公里

參賽資格：沒有限制

氣溫：平均 8 到 15℃

獎牌：有，形狀像螯龍蝦的蝦鉗，很有創意

報名：runmdi.org

實用資訊：如果你打算花超過 6 個半小時跑完馬拉松，可以加入早鳥組在 7 點出發（比正式起跑時間提前一個鐘頭）。憑這項馬拉松的成績可以報名波士頓馬拉松

57　茂宜島海濱馬拉松
（Maui Oceanfront Marathon）

地區：美國，夏威夷（USA,Hawaii）

時間：1月

　　茂宜島海濱馬拉松名符其實，真的是全程跑在海邊。只是有個小麻煩：每個項目的出發點都不一樣，這是為了錯開跑者，以免路上太擁擠，因為比賽的路段沒有完全進行交通管制。來自馬斯庫斯（Mascouche）的琳吉貝特參加過2012年的半程馬拉松，「真是太愉快了，跑步的時候可以看風景，一邊是海，一邊是火山，或者是跑在棕櫚樹叢間，陽光照耀，天空很藍。不過對我來說，最大的享受是比賽結束後，由一間專門學校的學生所提供的免費按摩。為了讓這一天有個美好的結束，可以買一張餐券在船上享用晚餐，在主辦單位和其它跑者的陪伴下，欣賞美麗的落日，說不定還有機會看到鯨魚！」

info

類型：道路

距離：5公里、10公里、21公里、42公里

參賽資格：沒有限制，未滿18歲的跑者必須提出一名家長或監護人簽名的同意書

氣溫：介於18到26℃

獎牌：有，而且會頒獎給分齡組的優勝者

報名：mauioceanfrontmarathon.com

實用資訊：超過60歲的馬拉松跑者可以提前半小時起跑。比賽舉行前的星期四早上，有一場媽媽的免費餅乾路跑活動（按照BYOC的方式，Bring Your Own Cookies，帶餅乾和水果來分享）

58　泥巴英雄
（Mud Hero）

地區：加拿大的許多地點

時間：夏季

　　這是一個名為「瘋狂加拿大佬」的團隊發起的路跑活動，號稱會讓你全身沾滿泥巴，體驗到前所未有的樂趣。是的，主辦單位向你保證，你抵達終點時身上一定髒得要命！來自蒙特婁的瑪莉尚塔菲維尼耶參加過2014年在聖布魯諾（Saint Bruno）舉行的活動，非常喜歡那次的經驗，「這項路跑很適合對於這類活動經驗不多的人，因為障礙容易克服又很有趣。在泥巴裡玩耍，把自己弄得像個髒兮兮的小孩，真的很愉快。為了增加樂趣，我們呼朋引伴去參加，而且還扮裝！當然，服裝不能妨礙我們做出必要的動作，這樣才能克服障礙，而且我們知道最後全身會變得非常、非常髒。比賽結束後還有歡樂的音樂和烤肉活動，這也非常好。所以盡情地去體驗吧！」

info

類型：障礙賽，計時……其實時間不是重點

距離：6公里，沿途設置超過16處障礙

參賽資格：年滿14歲

氣溫：不一定，總之是夏季的天氣，因為整個夏天都有活動在舉行

獎牌：有

報名：mudhero.com

實用資訊：有些障礙可能頗具挑戰性，但是保證不會出現有刺鐵絲網、電擊或冰水池

59 從納帕到索諾瑪葡萄酒鄉半程馬拉松
（Napa to Sonoma Wine Country Half Marathon）
地區：美國，加州（USA,California）

時間：7月

在一系列的葡萄酒鄉半程馬拉松之中，這項路跑的名氣最大，也最受歡迎。一開放報名，在24小時內就會額滿。沿途會經過大片的葡萄園和索諾瑪（Sonoma）的老城區，還可以看到一些農場和農田。

info

類型：美食

距離：5公里、21公里

參賽資格：年滿12歲可參加半程馬拉松

氣溫：10到21℃

獎牌：有

報名：destinationraces.com

實用資訊：Destinations Races 這家公司會在加拿大和美國的葡萄酒產區舉辦一系列的美食路跑活動

60 尼加拉瓜瀑布馬拉松（Niagara Falls Marathon）
地區：加拿大，尼加拉瓜瀑布（安大略省）（CA,Niagara Falls,Ontario）
時間：10月

尼加拉瓜瀑布馬拉松跨越兩國的邊境，出發點在美國，終點在加拿大。來自蒙特婁的蕾蒂西亞拉洪茲參加過 2013 的路跑，她解釋說，從加拿大搭乘校車出發，很快就通過了海關。讓她印象深刻的是主辦單位在幾張大桌子上擺滿馬芬蛋糕、貝果和其它甜食，給選手們當早餐，「那可不是什麼能量膠，大家都很滿意。馬拉松的路線很棒，我們從一座森林出發，那森林裡還有一間當代美術館；沿途會經過一些漂亮的住宅區，終點在一座大公園裡的瀑布底下，景色非常壯觀。」

info

類型：道路

距離：42 公里

參賽資格：年滿 18 歲

氣溫：介於 7 到 15℃

獎牌：有

報名：niagarafallsmarathon.com

實用資訊：憑這項比賽的成績可以報名波士頓馬拉松。起跑時間訂在 10 點半，跑者不必半夜起床去參加路跑

你是否曾經幻想在水面上奔跑？其實，就跟聖經裡的摩西一樣，你也做得到……來參加這項路跑，出發點和終點都在芬迪灣，這裡有全世界最大的海潮，幾千億噸海水淹沒了海灣又退回去，一天兩次。主辦單位決定每年在這裡舉行路跑，讓跑者趁著退潮時，在海床的沙灘上或泥地裡跑5到10公里，當然跑完了你的腳不可能還是乾的。彷彿這樣還不夠奇怪，他們還將食物補給站設置在退潮「擱淺」的船上。

這項活動吸引各種年齡的跑者，其中一個項目是給3歲以下的小朋友參加的100公尺路跑，另外有個項目叫籃子路跑（The Basket Run），是給12歲以下的孩子參加的500到1000公尺路跑。

跑完之後好好洗個澡，吃烤肉，參加派對，這是全家人都可以享受的樂趣。

---

info

類型：跑在沙灘上或泥地裡

距離：5公里和10公里路跑或快走，100到1000公尺的兒童路跑

參賽資格：沒有限制，老少咸宜

氣溫：12到23℃

獎牌：有

報名：notsincemoses.com

實用資訊：報名費包括一件T恤、一份健康餐、音樂、派對以及這項活動所創造的詩意。活動可能因為海潮的變化而取消，2014年就出現過這種情況。關於住宿，海灘旁的五島省立公園可以露營，不然也可以在路程大約20分鐘的帕斯伯勒（Parrsboro）找旅館過夜

62 潘朵拉24（Pandora 24）

地區：加拿大，普雷沃斯特（魁北克省）（CA,Prévost,Quebec）

時間：7月

連續跑24小時，可以不停的跑，中途也可以休息幾次，你會有興趣嗎？這是潘朵拉24小時的進行方式。這是一項標榜生態友善的超級越野路跑，接受個人或團體報名，主辦單位在洛朗第（Les Laurentides）地區普雷沃斯特的法雷斯公園內，沿著山區步道規畫出一圈10公里的越野路線，參賽者跑越多圈越好。在同一時間，非常有經驗的跑者可以挑戰在32小時內跑完100英里（160公里），而且累計爬升高度6600公尺，相當於聖母峰高度的四分之三。第一位完成這項壯舉的跑者名叫馬丁胡亞，他花了28小時又45分鐘。

這項路跑的氣氛和樂，不管你的節奏是快或慢，總有機會在一直繞圈的24小時內遇到其他的參賽者。這也是體驗步道路跑的好機會，因為這條路線不像別的路線那麼困難，前提是你必須喜歡上下坡，每一圈10公里的爬升高度為400公尺。在繞圈的過程中，可以去普雷沃斯特的舊車站休息或吃東西，這個地方在比賽期間充當選手村，並提供帳篷和露營車。舉辦潘朵拉24主要是為了募款，藉由取得土地並以保存為目標來經營管理的方式，保護普雷沃斯特、皮耶德蒙（Piedmont）和聖希伯利特（Saint Hippltye）的懸崖

斷層。2014年第一次舉辦這項活動所募得的經費，足夠在斷層中央買下29英畝的土地。

---

info

類型：超級越野，24小時個人或接力

距離：從10公里到100英里（160英里）

參賽資格：沒有限制，兒童的贊助金額是100塊加幣，成人是250塊加幣。12歲以下兒童在步道區必須有成年人陪伴，年滿13歲就可以自己繞圈跑10公里

氣溫：可能會很熱，因為比賽在7月舉行

獎牌：每個項目的優勝者可以得到一面手工製的木頭獎牌，而其他的參賽者可以拿到一個啤酒杯

報名：pandora24.com

實用資訊：2015年，除了原來的潘朵拉24，主辦單位又在10月推出了Choo Choo 200超級越野路跑，讓那些路跑界的超級英雄有機會挑戰200英里（322公里），就是當年從蒙洛里愛（Mont Laurier）到聖傑羅姆（Saint Jerome）的北國小火車行經的路線。主辦單位會安排接駁車將跑者載到出發點，並在比賽結束後將他們載回停車的地點。這項越野路跑所募得的款項將全部捐給奔跑族之友基金會（Norawas de Ramamuri），作為墨西哥銅峽谷白馬步道維護計畫的經費（請參閱p114～115）

63 珀斯世界紀錄蘇格蘭裙路跑（Perth's Word Record Kilt Run）

地區：加拿大，珀斯（安大略省）（CA,Perth,Ontario）

時間：6月

這是一年之中最具蘇格蘭特色的路跑，可以看到超過2千名跑者穿著蘇格蘭裙，在珀斯的街頭招搖過市。事實上這項8公里的路跑已經被列入金氏紀錄，它是世界上規模最大的蘇格蘭裙路跑。想參加這項活動，就一定要穿上正統的蘇格蘭裙，這種服裝必須符合某些規範，例如後面有裙摺，前面平坦，兩側有裙環，長度及膝。如果要尊重傳統，裙子裡就不能穿內褲，不過到底有沒有穿內褲，這種事只有你自己知道。為了比賽需要，你可以在報名的時候順便向當地的業者訂購蘇格蘭裙。每一年的格子花色都會改變，但如果你已經有這種裙子，穿你原來的就行。

如果你覺得自己就像電影《英雄本色》的梅爾吉勃遜一樣擁有戰士的靈魂，還可以加入「戰士班」。這群戰士不但要穿蘇格蘭裙，主辦單位還會發給他們每人一面盾牌和一根長矛。他們在豪飲一口威士忌之後，就要開始接受一系列的考驗，包括拉弓、搬木頭、甚至投擲長矛。一路上可以聽到風笛現場演奏，在所有的食物補給站都有熱情的加油聲。雖然沒有獎牌，但是參賽者可以獲得一份典型蘇格蘭風格的禮物，例如一枚蘇格蘭裙的別針，優勝者的獎品則是蘇格蘭威士忌一瓶。

63

　　所有的參賽者都可以參加抽獎，獎品是招待一趟蘇格蘭之旅，並且參加夏末時在歐洲舉行的同一項活動。在路跑時，跑者可以品嘗奶油酥餅和蘇格蘭甜點，抵達終點後，年滿 19 歲的人還可以喝到當地的啤酒。路跑當天，從早到晚都有特別安排的蘇格蘭傳統活動，讓來賓能夠盡情的享受這個節慶。

info

類型：道路

距離：8 公里，其中有 5 百多公尺保留給戰士去接受考驗。有兩個屬於兒童的項目：小小孩的 200 公尺路跑，以及 6 到 9 歲兒童的 1.5 公里路跑。10 到 14 歲的青少年也有一項 1.8 公里的障礙賽

參賽資格：所有的跑者，不論男女，只要穿上符合規定的蘇格蘭裙，都可以參加

氣溫：大約 18℃

獎牌：沒有，不過每位跑者可以得到一份蘇格蘭風格的小禮物

報名：perthkiltrun.blogspot.ca

實用資訊：如果你在三月中旬以前報名，可以向當地的業者訂購蘇格蘭裙。主辦單位也推薦渥太華的蘇格蘭裙商店。身上要帶足夠的現金，除非你打算在珀斯這個小鎮上尋找提款機

64 極地英雄路跑（Polar Hero Race）

地區：加拿大，蒙特婁和魁北克（魁北克省）、渥太華（安大略省）

（CA,Montreal,Quebec、Ottawa,Ontario）

時間：1月到3月

你從來沒有在冬天參加過障礙路跑？來試試這個加拿大才有的活動，把冰敲碎，讓自己化身為可怕的大雪人。跟夏天的障礙路跑相比，到達終點時你的身體可能不會那麼髒，但是你必須面對雪與冰的考驗。2016 年，這項活動在加拿大三個不同的城市舉行，跑的距離比 5 公里長一點，沿途還有超過 25 處障礙要克服，最開心的是有機會狂丟雪球！想不想重演電影《雪球大戰》裡的場面？

info

類型：障礙賽，冬季舉行

距離：5 公里以上，沿途設置超過 25 處障礙，必須由個人或 4 人團隊一一克服

參賽資格：年滿 6 歲可以跟家人一起參加，年滿 12 歲可以報名一般項目

氣溫：冬季的天氣，通常介於 -30 到 0℃

獎牌：有

報名：polarherorace.com

實用資訊：冬季時加拿大的東部可能會非常冷，建議你衣服要多穿幾件

65 紅岩峽谷馬拉松與半程馬拉松 （Red Rock Canyon Marathon & Half Marathon）

地區：美國，拉斯維加斯（內華達州）（CA,Las Vegas,Nevada）

時間：2月

這項路跑舉行的地點距離拉斯維加斯只有 30 分鐘的路程，卻可以讓你暫時遠離世界娛樂之都（或者隨便你高興怎麼稱呼）的霓虹燈與喧囂。紅岩峽谷馬拉松與半程馬拉松規劃的路線是沿著視野絕佳的峽谷公路穿越莫哈韋沙漠，這裡的土壤在一天之內的不同時刻，會呈現紅色、橘色或者陶土紅等相異的色調。來自聖隆貝的安瑪莉穆索在 2013 年參加過這項路跑，對於紅岩峽谷的壯麗景觀留下非常深刻的印象，尤其是當太陽升起時，岩石都染上了紅色，「儘管一路上有許多上下坡，還是很容易陷入恍神的狀態，因為周圍太安靜了。你跑在沙漠中央，不會有觀眾來為你加油，只能靠你自己和你的意志力在柏油路上前進。」要注意的是舉行路跑時公

路上不會管制車輛進入，只有利用三角錐隔出路面 1/4 的寬度，讓跑者通行。

---

info

類型：道路

距離：5 公里、21 公里、42 公里

參賽資格：沒有限制，但是未滿 18 歲的人必須有一位家長或監護人簽名的同意書

氣溫：平均 20℃

獎牌：有，還有一件 T 恤

報名：calicoracing.com/events/red-rock-canyon

實用資訊：有些人提到出發點和沿途都沒有廁所，跑者只好躲在樹叢後面自行解決……記得要帶衛生紙啊！會用得著的。你有 7 小時的時間可以完成 42 公里馬拉松，必須在 6 小時 15 分內跑完 21 公里，5 小時 30 分內跑完 5 公里

66 跑得像女神（Run Like a Diva）

地區：美國的好幾個城市，波多黎各的聖胡安（USA/Puerto Rico,San Juan）

時間：一整年都有路跑，波多黎各的路跑11月舉行

女神半程馬拉松與 5 公里路跑在美國的好幾個城市以及波多黎各的首府聖胡安舉行。來自蒙泰雷吉（Montérégie）的瑪莉克蘿德馬西參加過在波多黎各舉行的路跑。那是她第一次到外國參加路跑，本來她還擔心全部參賽者都是女性，這個活動會不會太粉紅了一點？結果她非常滿意，大力稱讚主辦單位的規畫順暢，賽前說明也安排得很好，輕輕鬆鬆就能夠領到背號。

「路跑進行當天，從頭到尾展現的

活力真是不同凡響，即使是清晨 5 點半也有活動，有吐火表演和其它的餘興節目。現場的節慶氣氛濃厚，許多跑者為了這個場合盛裝打扮，最主要的顏色當然是粉紅色！有好幾段路是跑在海邊，為這項活動增添幾分涼爽；經過聖胡安的主要幹道時，讓我們有機會認識這個城市美麗的角落。由於天氣炎熱，沿路有一些灑水裝置，讓我們感覺涼快一點。路跑的氣氛很神奇，觀眾也給我們很多的鼓勵，」瑪莉克蘿德説，「其實這項路跑沒什麼野心，來參加的女性什麼類型都有。」此外，她承認自己很開心在抵達終點時，被人披上粉紅色的羽毛長圍巾，並且獲得一面漂亮的獎牌，以及玫瑰花、皇冠和氣泡酒。「他們成功的讓我們感覺自己很美，很有女人味，儘管身上都是大滴的汗珠，」她很肯定的表示。

info

類型：道路

距離：5 公里、21 公里

參賽資格：女性

氣溫：往往超過 30℃

獎牌：有，很漂亮。半程馬拉松的獎牌讓人印象深刻

報名：runlikeadiva.com

實用資訊：每位跑者在報到的時候都會拿到一件粉紅色的蓬蓬裙。跑的時候穿不穿就隨便你了

67 跑過青草地（Run the Bluegrass）

地區：美國，萊辛頓（肯塔基州）（USA/Lexington,Kentucky）

時間：4月一整年都有路跑，波多黎各的路跑11月舉行

肯塔基州的萊辛頓以豪華的賽馬牧場聞名，在此地舉行路跑，襯托跑者的風景是青翠的牧場，億萬富豪名下草地修剪得很漂亮的馬場，以及母馬和剛生下來的小馬互相依偎的動人畫面。來自泰勒博恩（Terrebonne）的運動員蘇菲佩侯非常喜歡這項路跑，曾經參加過兩次，路線優美當然是主要原因，此外她對主辦單位的接待品質也是讚不絕口，「他們希望每位跑者都覺得自己被奉為貴賓，留下難忘的美好經驗。負責人艾瑞克派屈克馬爾甚至親自回覆臉書專頁上的提問。事實上，跑過青草地不只是單純的路跑，也是

各種感官的體驗之旅，注重享樂的跑者一定會非常喜歡。它的路線有上下坡起伏，會使你的心臟跳得稍微快一點，但是這裡的美麗與寧靜卻能讓你的心靈得到撫慰。起點和終點的所在地基蘭賽馬場（Keeneland），也是《奔騰人生》和《奔騰年代》這兩部電影的拍攝地點；沿途會經過有名的曼徹斯特農場，電影《亂世佳人》有幾場戲就是在這裡取景的。」

除了路跑，主辦單位也會邀請跑者參加週末的各項活動，包括品嚐波本威士忌和小啤酒廠的啤酒，享用食材從菜園直達餐桌的豐盛大餐，參觀萊辛頓當地的馬場，畢竟這個地方號稱是純種賽馬的世界之都。有一個細節很有趣，你可以自己設計背號，寫上你想說的話，例如你的名字，你為誰而跑，甚至你最近剛結婚！這個背號是值得保存的紀念品，另外獎牌的設計也令人眼睛一亮，每一年都會頌揚一匹偉大的賽馬。

---

info

類型：道路

距離：兒童路跑 1 英里（1.6 公里），成人 7 英里（11 公里）和 21 公里

參賽資格：沒有限制

氣溫：變化很大，從 0 到 20℃ 都有可能

獎牌：有，以馬為主題

報名：runthebluegrass.org

68 砂礦挑戰（Sandmine Challenge）

地區：美國，水晶城地下綜合運動中心（密蘇里州）

（USA/Crystal City Underground,Missouri）

時間：2月

你正在尋找非常瘋狂的障礙路跑嗎？來試試「SpeRUNking」砂礦挑戰，這是一項在地底下進行的 4 英里（6.4 公里）障礙路跑，地點是密蘇里州水晶城的地下綜合運動中心。這裡原先是開採砂礦的礦坑，位於地下大約 50 公尺處，氣溫穩定維持在 13℃，可以看到 10 公尺高的通道、砂丘，甚至一個巨大的地下湖泊。

什麼是 SpeRUNking？其實它是 Spelunking 的諧音，也是一種洞穴探險的活動。

砂礦挑戰是跑在硬的或軟的沙地上，每隔大約 500 公尺會有一道障礙。把頭燈打開，準備奔跑、攀爬、跨越穿過會鬆動的沙堆吧！請注意，如果你有幽閉恐懼症，這項路跑就不適合你，除非你想要多超越一項障礙。

info

類型：在古老的砂礦坑裡進行的障礙路跑

距離：原始挑戰賽 4 英里（6.4 公里），4 人的極限小組挑戰賽 16 英里（26 公里），所以這段路要來回跑 4 趟

參賽資格：年滿 14 歲

氣溫：13℃

獎牌：有

報名：sandminechallenge.com

實用資訊：強烈建議你要穿適合下水的跑鞋，而且要帶頭燈，因為礦坑裡沒有任何照明。記得準備乾的衣物，跑完後可以換上。這項活動的盈餘會捐給一個組織，該組織致力於幫助年輕人脫離青少年犯罪的循環

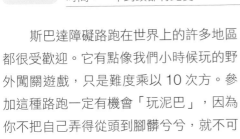

斯巴達障礙路跑在世界上的許多地區都很受歡迎。它有點像我們小時候玩的野外闖關遊戲，只是難度乘以 10 次方。參加這種路跑一定有機會「玩泥巴」，因為你不把自己弄得從頭到腳髒兮兮，就不可能抵達終點。

究竟什麼是斯巴達障礙路跑？這是一種障礙賽，你必須以個人或小組隊員的身份，在最短時間內克服所有的障礙。受到古代斯巴達戰士的英勇與紀律的啟發，你必須跳躍、攀爬、匍匐前進、奔跑，如果你在闖關的時候掉下來，或者闖不過去，就得做完 30 下波比操（一系列的深蹲、跳躍和伸展動作）才能繼續前進，波比操真的會操死人，奉勸你能免則免。每一場路跑都會設計令人驚喜的關卡來考驗參賽者，但是不管在什麼地點舉行，可以預期一定會遇到泥濘、火、水和有刺鐵絲網。

斯巴達障礙路跑於 2010 年在佛蒙特州首度舉行，它的靈感來於自死亡路跑。2012 年，它被戶外探索雜誌在同類型比賽中評選為最佳。如今在全球五大洲的二十幾個國家，包括加拿大、美國、法國、南非和台灣，都舉辦過這項活動。斯巴達障礙路跑分成三個項目：衝刺賽（5 公里以上，包括 15 處障礙），超級賽（13 公里以上，包括 21 處障礙），野獸賽（20 公里以上，包括 26 處障礙）。另外也有適合 4 到 13 歲的孩子參加的少年斯巴達障礙路跑，距離從 0.75 公里到 2 公里，有 7 到 12 處障礙要超越。請注意，參加這種障礙路跑是會上癮的，你有可能一再重複這樣的體驗，即使活動已經結束了，你也會大聲哀嚎：為什麼不讓我參加！

---

info

類型：障礙賽，通常在樹林裡、田野間進行，一定會遇到泥濘、火、水、有刺鐵絲網……等關卡

距離：衝刺賽（5 公里以上 15 處障礙）、超級賽（13 公里以上 21 處障礙）、野獸賽（20 公里以上 26 處障礙）

參賽資格：4 到 13 歲可以參加少年斯巴達障礙路跑，其它所有的斯巴達障礙路跑項目開放給 14 到 99 歲的人參加

氣溫：不一定，要看在哪個國家的城市舉辦

獎牌：有

報名：spartan.com。在加拿大，你可以只報名一場比賽，也可以買東部或西部的季票。東部的路跑有 12 場，地點包括魁北克和多倫多。在台灣的網址是：spartanracetaiwan.racbit.com/event

實用資訊：主辦單位準備了幾套訓練計畫，免費提供給報名斯巴達路跑的戰士，幫助他們好好的準備接受挑戰。加拿大的斯巴達障礙路跑在 5 月到 9 月之間舉行

巧克力路跑（The Chocolate Race）

地區：加拿大，聖卡特琳（安大略省）（CA/Sainte Catherine,Ontario）

時間：母親節（5月）

這樣的路跑根本不可能抗拒，食物補給站供應的是沾了巧克力的草莓和棉花糖，抵達終點時奉上的則是巧克力牛奶和巧克力麵包，「這是最適合貪吃鬼的路跑活動，」來自卡帝諾（Gatineau）的泰瑞松卡提耶如此解釋，「而且它的路線有一部分是沿著安大略湖的湖濱小徑，有些地方的樹蔭很美。抵達終點後，你可以去逛巧克力大街，盡情享受各式各樣的巧克力點心，包括成人限定的巧克力馬丁尼酒。以這種方式慶祝母親節，多好啊！」

info

類型：道路，美食

距離：兒童 1 公里和 2.5 公里，成人 5 公里和 10 公里

參賽資格：年滿 6 歲的兒童和成人

氣溫：介於 10 到 20℃

獎牌：有，會發給所有的參賽者「I run for chocolate」的獎牌，包括兒童

報名：thechocolaterace.com

實用資訊：比賽的部分盈餘會捐給格林納達的可可農民未來倡議組織（Cocoa Farmers Future Initiative），幫助當地農民持續發展他們的可可栽種

71 末路狂花半程馬拉松（Thelma & Louise Half-marathon）

地區：美國，猶他州（USA,Utah）

時間：6月

位於猶他州格蘭德郡的摩押地區是登山腳踏車愛好者心目中的天堂，這裡也是好幾部約翰韋恩的西部片拍攝的地點。這項只限女性參加的半程馬拉松，名稱來自於 1991 年的經典電影，由吉娜戴維斯和蘇珊莎蘭登主演的《末路狂花》。多惬意啊！這條沿著柯羅拉多河畔的 279 號公路來回跑一趟的路線相當平坦，累計爬升高度只有 6 公尺。

你有兩個選擇：獨自跑半程馬拉松，或者參加兩人一組的接力賽。如果是團隊參賽，第二位跑者必須搭乘行駛在柯羅拉多河上的接駁船前往交棒的地點。在後勤補給方面，由於這項路跑的出發點和終點位於 Gold Bar 露營區，主辦單位歡迎你在這裡露營用餐，除了方便之外，還可以趁機多認識一些其他的跑者。這項路跑以非正式的方式跳進河裡作為結束，所以別忘了帶泳衣，努力跑完之後，你會特別欣賞河水的清涼。

info

類型：道路

距離：半程馬拉松（21 公里），個人或兩人組隊

參賽資格：年滿 12 歲的女性

氣溫：天氣可能會很熱，所以比賽 6 點半就開始，避免大白天的高溫

獎牌：有，完賽者可以拿到一枚腰帶環

報名：moabhalfmarathon.com

實用資訊：每隔 1.5 英里（2.4 公里）會設置流動廁所，歡迎跑者的丈夫、兒子、男性友人和伴侶在沿途擔任志工，這項比賽的口號是：你是泰瑪還是露易絲[註]？

●註：泰瑪和露易絲是《末路狂花》兩位女主角在電影中的名字。

72

The North Face紐約耐力挑戰賽（The North Face Endurance Challenge New York）

地區：美國，熊山州立公園（紐約州）（USA, Bear Mountain State Park, New York）

時間：5月

儘管這項路跑在美國舉行，卻頗受魁北克人青睞，每年都有一大群來自魁北克的跑者前往參加，對他們來說，這是一項洋溢著家鄉味的活動。傑夫戈斯朗來自魁北克，是加拿大 The North Face 頂尖運動團隊的成員，他在 2015 年跟朋友弗洛洪布岡一起參加過這項路跑，弗洛洪是傑夫的同鄉也是隊友，已經開始挑戰國際級的越野路跑。

傑夫很喜歡這條越野路線，大塊岩石遍布的高難度小徑和入門等級的步道輪流出現，而且置身於距離曼哈頓 75 公里的森林中，可以遠眺阿帕拉契山，視野絕佳。「熊山算是國際級的路跑，它的路線標示得很清楚，跑者可以享受他們的體驗而不用一直擔心會迷路。補給站的食物非常充足，而且路跑結束後，參加馬拉松、50 公里或 50 英里（80 公里）的人可以享用熱騰騰的一餐，有墨西哥菜或漢堡，還有沙拉、一大塊餅乾和一杯當地的啤酒。如果你喜愛原始的自然風光，在這裡經常可以遇到野火雞和鹿，偶爾還有熊，不過你不用擔心，因為通常是牠們比較怕我們，不是我們怕牠們。」

info

類型：越野

距離：5 公里、10 公里、21 公里、42 公里接力、42 公里、50 公里、GoreTex 50 英里（80公里）

參賽資格：沒有限制

氣溫：不一定，可能達到 20℃

獎牌：有，還有一件 The North Face 的人造纖維毛衣

報名：thenorthface.com/getoutdoors/endurance-challenge/newyork/race-registration.html

實用資訊：每年在這項路跑都可以遇到許多魁北克人，因為他們報名的人數眾多

73

衝浪聖女5公里/10公里與10英里海灘路跑（The Surfing Madonna 5K/10K & 10 Mile Beach Run）

地區：美國，聖地牙哥（加州）（USA,San Diego,California）

時間：10月

這是美國最大規模的沙灘路跑，趁退潮時沿著聖地牙哥美麗的沙灘跑幾公里，跑完後可以做瑜珈，跳 Zumba[註]，享受雷鬼音樂。

info

類型：沙灘路跑

距離：5 公里、10 公里、10 英里（16 公里）

參賽資格：沒有限制

氣溫：13 到 24℃

獎牌：有，而且這獎牌有磁性，所以可以貼在冰箱上炫耀

報名：surfingmadonnarun.org

實用資訊：歡迎兒童參加

●註：Zumba 起源於哥倫比亞，有「快速活動，享受樂趣」的涵義，結合拉丁美洲及國際音樂的舞蹈風格，是充滿活力與熱情奔放的健身運動。

74 西部州100英里耐力路跑（The Western States 100 Miles Endurance Run）

地區：美國，加州（USA,California）

時間：6月

　　這是全世界歷史最久也最有名的100英里（160公里）路跑。這項極端的耐力考驗要求你爬升5486公尺，下降7000公尺。大部份路跑界的傳奇人物一生中至少參加過一次，許多超級越野的跑者也將這項路跑視為他們追求的目標。來自皇家山的魁北克人塞巴斯提安聖西萊在2016年取得了這項路跑的參賽資格。

info

類型：越野，超級越野

距離：100英里，也就是160公里

參賽資格：年滿18歲。你必須跑過其它的100英里或100公里路跑才有資格報名，然後還要抽籤。活動網站上會公布全世界可能符合資格的跑者名單。另外有一個特別項目保留給頂尖跑者

氣溫：從-7到43℃，所以你要有面對各種狀況的準備

獎牌：沒有，不過會有一枚手工製作的銀質腰帶環，這當然是超級越野的跑者最渴望的獎賞。在24小時內跑完的跑者才可以得到銀質腰帶環，在24到30小時之內跑完的人可以得到一枚銅質的腰帶環。優勝者將獲頒一座美洲獅銅像，他的姓名會刻在這項戰利品上

報名：wser.org

實用資訊：參賽者需要渡過一條河，主辦單位會提供一條繩索幫助你渡河。如果河的水位太高，主辦單位會提供橡皮艇

錫安半程馬拉松（The Zion Half Marathon）

地區：美國，錫安國家公園（猶他州）（USA,Zion National Park,Utah）

時間：3月

這項半程馬拉松的路線沿著錫安國家公園的邊界，靠亞歷桑納（Arizona）這一側，開闊的視野絕對會令人著迷。如果你的目標是打破紀錄，那麼這項路跑恐怕不適合你，因為你不時就會想要停下來拍照，甚至在比賽結束後返回原地，秀出你的背號和獎牌拍一張照片。其實在你之前已經有很多人做過這種事。終點的景色無比壯麗，足以讓你忘記自己跑過那麼遠的路。

為了替你的路跑增加一點挑戰性，比賽的路線都是上坡，不過坡度變化規律，大約每90公尺的距離上升6公尺的高度。由於這項活動在國家公園的邊界舉行，主辦單位決定不提供水杯，建議你攜帶自己的水袋背包或是可重複使用的腰帶水壺；當你領取背號時，主辦單位交給你的跑者專用袋也會附上 Hydrapouch 小水袋，您可以在沿途設置的自助補給站裝水。建議您多停留一些時間，在路跑結束後探訪

這個地區，因為錫安國家公園真的值得一遊，它是美國最美麗的景點之一。

---

info

類型：道路

距離：21 公里

參賽資格：沒有限制，可以推娃娃車，但是不能帶狗。你的狗朋友要在終點迎接你當然是歡迎，不過需要有人陪在牠身邊

氣溫：介於 6 到 20℃，不過要有氣溫驟變的心理準備

獎牌：有，每個分齡組的前 5 名會有特別獎

報名：thezionhalf.com

實用資訊：生態路跑不提供水杯

76 多倫多水邊馬拉松
（Toronto Waterfront Marathon）

地區：加拿大，多倫多（安大略省）
（CA,Toronto,Ontario）

時間：10月

多倫多是北美第五大城市，居民來自世界各地，因此它被聯合國譽為全球最多元文化的城市並不令人意外。來自蒙特婁的茉莉杜穆榭參加過 2013 年的半程馬拉松，她發誓等她作好第一次跑全程馬拉松的準備，她要重回多倫多，「首先，這條路線很美，從出發點可以看到加拿大國家電視塔，隨後沿著安大略湖跑，這座湖好大，簡直就像海；接下來我們會經過加冕公園；回程時我們會穿過市中心，跑在街道上令人印象深刻，在摩天樓的包圍下，只覺得自己很渺小！」這項馬拉松在星期日舉行，不過跑者將應邀在星期六當天與 Running Room 的創辦人約翰史丹頓一起進行「國際友誼路跑」，為第二天的比賽暖身。

info

類型：道路

距離：5 公里、21 公里、42 公里

參賽資格：5 公里開放給所有人參加，未滿 12 歲的兒童建議由家長陪同；年滿 16 歲可參加 21 公里，年滿 18 歲可參加馬拉松。你也可以參加路跑並贊助豐業銀行慈善挑戰活動，為你所關注的對象募款

氣溫：介於 8 到 14℃

獎牌：有，所有的完賽者都有獎牌

報名：torontowaterfrontmarathon.com

實用資訊：憑這項馬拉松的成績可以去報名波士頓馬拉松。你的報名費還包括參加 Running Room 連鎖店的訓練活動（請參考活動網站的宗旨）

77 布羅姆湖環湖路跑
（Tour du Lac Brome）

地區：加拿大，布羅姆湖（魁北克省）（CA,Brome Lake,Quebec）

時間：6月

這項活動舉行了 40 年，對跑者而言已經是魁北克的傳統了。它吸引來自各地的魁北克人，並提供道路路跑、越野路跑、甚至牽狗路跑等項目以滿足各種類型的跑者。這是適合全家老少、各有喜好的人一起來參加的活動。

info

類型：道路以及越野

距離：兒童挑戰賽 3 公里、兒童挑戰賽 3.6 公里、牽狗路跑 2 公里與 5 公里、越野 2 公里與 9 公里、鄉間道路 22.2 公里、道路 5 公里、10 公里與 20 公里，還有一些結合好幾個項目的挑戰賽，要進行好幾天

參賽資格：全家人都可以參加

氣溫：15 到 21℃

獎牌：有，每位跑者都可以拿到獎牌

報名：tourdulacbrome.com

實用資訊：提供 6 個月到 10 歲的孩童看護照顧服務，必須事先預約

皇家山柏波夫路跑（Tour du Mont-Royal Brebeuf）

地區：加拿大，蒙特婁（魁北克省）（CA,Montreal,Quebec）

時間：10月

對於加拿大的大都會蒙特婁來說，皇家山柏波夫路跑（TMRB）是唯一在市中心舉行的都會越野路跑，同時也是蒙特婁島上最有趣的活動之一，舉行的時候正好是色彩繽紛的秋季。路跑的地點是有名的皇家山，這裡的步道每天都會吸引大批的跑者，不過這項路跑將帶領你認識新的步道，這一點幾乎可以保證。來自蒙特婁的卡洛琳布魯安在 2013 年跑過 40 公里，她估計她跑的路線有 75% 是步道，「我們位於市中心，可是不會意識到，因為我們和大自然合而為一。我們也看到了一些無與倫比的景觀。這條路線的美景，搭乘地鐵就到得了，以越野路跑來說，這種情況幾乎從來沒見過。」事實上，她對主辦單位只有滿口的稱讚。路跑後的活動也很令人期待，很多跑者都這麼說，包括來自

蒙特婁的基何諾奇胡亞克，他穿蘇格蘭裙來參加這項活動，「按照路跑的標準，這裡供應的午餐毫無疑問是最好的。」

---

info

類型：都會越野

距離：1 公里、3 公里、5 公里、11.7 公里、16 公里、25 公里、40 公里

參賽資格：沒有限制，有些項目很適合全家人參加

氣溫：平均 8 到 12℃

獎牌：沒有，不過報名費包括賽後的一頓熱食。獎牌只頒給各項目的優勝者

報名：tmrb.org

實用資訊：皇家山柏波夫路跑是加拿大哈利卡納超級越野路跑（Ultra Trail Harricana du Canada）所認可的活動。這項路跑的盈餘將會捐給榮德柏波夫中學所在地區的社區組織。主辦單位有提供一套為期 12 週的步道訓練計畫給準備參加這項路跑的跑者

79 横跨落磯山脈路跑（Transrockies Run）

地區：美國，科羅拉多州（USA,Colorado）

時間：8月

你喜歡活動量大的「假期」？願意每天在步道上消耗好幾個小時的體力？那麼橫跨落磯山脈路跑應該可以滿足你。這項路跑將是一場難忘的冒險之旅，還能讓你在幾天之內跟來自世界各地的跑者建立好交情。何況你可以趁機探訪科羅拉多州落磯山脈較為人跡罕至的角落，戶外運動愛好者都很喜歡這個地方，不但有長達數百公里的越野步道，還有一些漂亮的小鎮，例如布雷肯里奇、布埃納文圖拉、萊德維爾、海狸溪和韋爾。

你的賽程是6天或3天，這要看你是以兩人團隊或者個人的身份報名。總之，每位參賽者需要跑完120英里（193公里），而且這條路線的高度變化讓你面對的挑戰更艱鉅，因為累計爬升高度為6096公尺。每天早上你都會出發去挑戰新的路徑，當你達成目標後，剩下的時間就用來休息，跟世界各地的跑者交朋友。塞巴斯提安聖西萊和梅蘭妮拉貝爾來自皇家山，他們兩人都很喜歡這項活動，覺得好像在參加「大型成人度假營」，因為跑者必須自己負責烹飪、搭帳篷、搬運行李以及所有的後勤補給。

「每天早上，帳篷村會遷移到新的地點，我們甚至自己架設浴室，因為路跑而耗盡所有的體力之後，能夠沖個澡真是莫大的享受。橫跨落磯山脈路跑是真正的競賽，優勝者會上台領獎，不過你不一定要抱著競爭的心態來參加。」對於塞巴斯提安和梅蘭妮來說，這次以伴侶身份所經歷的互相依賴體驗，讓他們的關係更穩固，而且會想要一次又一次接受這樣的考驗。組隊的參賽者每一天都必須同時通過終點，所以一定要互相幫助。終於，在經歷了將近一個星期流血流汗的競賽之後，橫跨落磯山脈路跑以一場盛宴作結束，跑者收起他們的跑鞋，改穿晚禮服登場。對於如此特別的活動而言，這樣的結尾再完美也不過了。

---

info

類型：越野，為期數天

距離：120英里（193公里）

參賽資格：年滿18歲，但如果組隊報名，隊長又是家長，那麼年滿15歲就可以參加

氣溫：不一定，什麼都有可能，從可怕的高溫到下雪……不過早晨的氣溫通常很舒適宜人

獎牌：有，跑完全部路程的人可以得到一枚腰帶環

報名：transrockies-run.com

實用資訊：食物補充站的選擇很多，賽後的餐點也很豐盛。主辦單位甚至也有考慮到奶蛋素、全素、麩質過敏等特殊的飲食需求

艾伯特山超級越野路跑（Ultra Trail du Mont-Albert）

地區：加拿大，艾伯特山（魁北克省）（CA,Albert mountain,Quebec）

時間：6月

這項路跑在加斯佩西國家公園（Gaspésie National Park）舉行。加斯佩是魁北克的一個地區，以美麗的風景、原始的自然風貌與陡峭的山勢聞名。來自蒙特婁的蘇菲勒巴芝華參加過 2015 年的「千米垂直競速」和「天空跑」這兩個項目，「這項超級越野路跑包含 4 個項目，完全在自然環境中進行，採用半自助的方式。我認為這個路線的難度很高，適合非常有經驗的越野跑者。我們有經過極地森林，先是針葉林，後來變成凍原。千米垂直競速是 5 公里的路跑，不過爬升高度 1000 公尺，真令人印象深刻。起跑的時候還很熱，一個小時後就得戴上手套和圍脖巾。山頂的視野真是美得令人讚嘆！我推薦這項路跑，只是你必須要有豐富的越野經驗。」

info

類型：越野，超級越野

距離：5 公里、22 公里、42 公里、100 公里

參賽資格：年滿 16 歲

氣溫：非常多變，可能出發時很熱，爬到某個高度後卻下雪了

獎牌：有

報名：ultratrailma.com

實用資訊：在 2016 年，這項路跑已納入 6 月的天空跑加拿大系列賽（Festival Canadien Skyrunning），未來應該會年年舉辦

81 加拿大哈利卡納超級越野路跑
（Ultra Trail Harricana du Canada, UTHC）

地區：加拿大，查爾瓦克斯（魁北克省）（CA,Charlevoix,Quebec）

時間：9月

在魁北克的各項越野路跑中，加拿大哈利卡納超級越野路跑的重要性是無庸置疑的。這項令人難忘的路跑在查爾瓦克斯的森林中舉行，這片森林的生態系統豐富多元，被聯合國教科文組織列入世界生物圈保護區。這項路跑吸引各地頂尖的越野以及超級越野跑者，他們每年都想回來嘗試新的路線，或者挑戰難度更高的項目。2015 年，主辦單位首度推出 125 公里路跑，爬升高度為 5 千公尺！卡洛琳寇德參加過這個項目，她覺得查爾瓦克斯的森林令人讚嘆，也很高興有這個特別的機會能夠跑過浮木工人活動的區域，「參加哈利卡納路跑，就等於是把自己變成狼，因為跟這種象徵性的動物一樣，你必須發揮自己的求生本能。我在跑 125 公里時受到嚴苛的考驗，因為跑到第 89 公里時我缺乏體力，就把食物吃光了，後來只好吃冷杉的樹脂為自己補充一點元氣。」那麼這次的體驗讓她留下什麼印象？「無缺失的賽程安排，非常完美的路線標示，森林中樹木的氣味和狹窄的小徑，品質絕佳的食物補給。」

根據個人選擇的距離，參加哈利卡納路跑可以看到令人讚嘆的壯麗景觀，綠意盎然的山丘，一處峽灣和幾處海灣。由於路跑的範圍鄰近黑熊活動的區域，跑者會拿到一個鈴鐺，藉此通知黑熊有人類接近。不過你可以放心，之前舉行路跑時，黑熊都很低調不曾現身。這項活動也吸引越野路跑的新手，他們可以先嘗試 5 公里或 10 公里，比較有戰鬥力的人就去挑戰更長的距離。如果是全家人一起報名，孩子們可以參加青年海盜 1 公里路跑，這個項目很適合願意追隨父母腳步的小跑者。這項路跑也可以積點，你可以得到 1 點或好幾點，憑這些點數報名白朗峰超級越野路跑（UTMB）。在 2016 年，哈利卡納路跑已被列入超級越野世界巡迴賽。

---

info

類型：越野，超級越野

距離：兒童 1 公里、5 公里、10 公里、28 公里、65 公里、80 公里、125 公里

參賽資格：沒有限制

氣溫：3 到 15℃

獎牌：有

報名：harricana.info

實用資訊：這項活動的部份盈餘會捐給加拿大多發性硬化症協會。其中一位發起人珍妮薇布瓦凡特別支持該協會，因為她的兄弟塞巴斯提安是多發性硬化症患者。參賽者可以在 Camping Chutes Fraser 露營，這是跟主辦單位配合的露營區。不然這個地區也有許多民宿或出租房屋可以作為住宿的選擇

82 跑步的女孩（Une fille qui court）

地區：加拿大，三河市（魁北克省）（CA, Trois-Rivières, Quebec）

時間：5月

跑步的女孩源自於娜塔莉松法頌的一個夢想。這位三河市居民參加舊金山 Nike 半程馬拉松的體驗太美好了，所以她決定在魁北克舉辦一項大型活動，號召熱愛跑步與健走的女性，讓她們經歷到奇妙的時刻，並以她自己的方式告訴這些女性，她們是多麼的不平凡。這項路跑鼓勵每個人發揮潛能，無論參加的項目是 5 公里、10 公里或半程馬拉松。娜塔莉從參加舊金山路跑的經驗中借用某些令她印象深刻的元素，例如頒獎儀式在紅毯上舉行，並由穿正式禮服的消防員頒獎給跑者。

來自泰勒博恩的西薇格尼耶跟一群朋友以及她的教練伊莎貝布丹加過 2015 年的半程馬拉松。她非常喜歡這項路跑，「路線規畫得很完美，而且標示清楚，到哪裡都有很多人在幫我們加油；選擇的路段也很有趣，沿著河邊跑，穿過聖昆汀島和三河市的老城區。在這種路跑中，女人會彼此加油打氣，追求好表現的壓力比較不明顯，雖然兩者並未互相牴觸。」她一輩子都會記得最後的 500 公尺，在這個令人感動的時刻，放眼望去是一整片粉紅色運動衫的身影，耳中充滿來自各個角落的加油聲。

就像娜塔莉松法頌喜歡説的一句話，「對於跑步的女孩來説，一切都是有可能

的。」對某些女孩來説，挑戰這項路跑就是開啟一段超越自我的美好歷險。在 2015 年的參賽者中有一位跑者和鐵人三項選手凱特聖羅洪，她的另一個身分是 KSL Sport[註]的設計師，專為運動的女性設計服裝。她非常認同這項路跑的哲學，因為她的任務就是要幫助女性展開她們的翅膀。

---

info

類型：道路

距離：5 公里、10 公里、21 公里

參賽資格：所有的女性都可以參加

氣溫：年年不同，從 10℃ 到 25℃ 都有可能

獎牌：有，由穿正式禮服的消防員頒給跑者

報名：unefillequicourt.com

實用資訊：有許多跑者會參加路跑前一晚在三河市舉行的女孩餐會。此外，路跑的那個週末，跑者可以享有一些住宿折扣

●註：魁北克當地知名女性運動衣物設計品牌。網址是 kslstore.ca/en

83 維多利亞女神路跑
（Victoria Goddess Run）

地區：加拿大，維多利亞（卑詩省）（CA,Victoria,British Columbia）

時間：6月

　　維多利亞女神路跑是為期兩天的節慶，舉行的地點是加拿大西岸最美的城市之一。主辦單位安排了各式各樣適合女性的活動：日落時的瑜珈、Spa、路跑、展覽和露天演出。甚至還有兒童與家人的路跑在星期天舉行，星期六早上則有一場3公里的睡衣路跑。

---

info

類型：道路，女性

距離：兒童與家人路跑，5公里、10公里、15公里

參賽資格：只限定女性參加，兒童與家人路跑例外

氣溫：21到28℃

獎牌：有，還會頒獎給優勝者

報名：victoriagoddess.com

實用資訊：除了路跑活動的網站，跑者還可以追蹤365goddess.com網站，該網站全年提供路跑的建議以及具有啟發性的故事

84 瑪格麗特萬歲5公里路跑
（Viva la Margarita 5K）

地區：美國的好幾個城市

時間：日期不一定

　　你願意為了一杯瑪格麗特而跑嗎？這是瑪格麗特萬歲路跑的提議。這一項活動會在美國的二十幾個城市舉行，結束的方式就是跑進酒吧裡，喝一杯瑪格麗特作為慶祝。或許這就是美國人在度假時最喜歡的飲料吧！

---

info

類型：道路，節慶

距離：5公里與10公里

參賽資格：沒有限制，不過未滿12歲的兒童必須有一名成人陪同。也接受娃娃車和有繫繩的狗

氣溫：可能炎熱，或者根據舉辦的地點而有所不同

獎牌：有

報名：vivalamargarita5k.com

實用資訊：有不含酒精的瑪格麗特提供給不喝酒或年紀未滿21歲的參賽者

85 迪士尼馬拉松週末（Walt Disney Marathon Weekend）

地區：美國，迪士尼世界（佛羅里達州）（USA,Disney World,Florida）

時間：1月

你有公主或王子的特質，或者你只是迷戀或懷念小時候那些童話故事裡的人物？來體驗迪士尼的魔法，參加全世界最神奇的馬拉松吧！在42.2公里的路程中，你將探訪迪士尼世界的四大主題樂園：神奇王國、迪士尼動物王國、迪士尼好萊塢夢工廠和艾波卡特主題樂園。趁這個機會幫全家人報名路跑，從小孩到大人都有得玩，甚至也有距離才幾公尺的尿布短跑讓包尿布的寶寶參加。

至於比較有勇氣的人，主辦單位也提供結合 4 個項目分成 4 天舉行的糊塗挑戰賽，來自泰勒博恩的榮馮蘇瓦戈摩在 2015 年參加過這個項目，他的妻子蘇菲佩侯則參加了 10 公里路跑。他們兩人都喜歡扮裝，互相激發想像力為每一場路跑變換造型。來自聖隆貝的南西基耶西在當時跑的是 5 公里，她對於蘇菲和榮馮蘇瓦這種跑者印象深刻，「哇！他們很用心製作迪士尼人物的服裝，就是為了參加路跑！」如果有扮裝，就比較有機會被人拍照。此外你可知道，如果你的孩子有參加路跑，他們也可以拿到獎牌。

---

info

類型：道路，在遊樂園內舉行。主辦單位邀請參賽者扮裝（但基於安全考量，禁止戴面具）

距離：有長度幾公尺的尿布短跑，兒童 1 英里（1.6 公里），成人 5 公里、10 公里、21.1 公里、42.2 公里，為期兩天的高飛狗路跑（Goofy Race）包括星期六的半程馬拉松與星期天的全程馬拉松，為期 4 天的胡塗挑戰賽（Dopey Challenge）包含 5 公里、10 公里、21.1 公里、42.2 公里這四個項目

參賽資格：從剛會爬的小寶寶到馬拉松跑者，全家人都可以參加

氣溫：大約 23℃

獎牌：有

報名：rundisney.com

實用資訊：在報名時可以加購一些選項，例如馬拉松前一天的義大利麵晚餐，或者活動當天有效的路跑貴賓優惠（VIP Race Retreat），可以享用一些額外的服務，包括賽前與賽後的餐點

86 威廉66號公路馬拉松（Williams Route 66 Marathon）

地區：美國，奧克拉荷馬州（USA,Oklahoma）

時間：11月

參加這項馬拉松，就彷彿回到過去，因為它所標榜的 66 號公路，已經在無數的美國電影中樹立起不朽的形象。這項路跑定期在美國感恩節之前的週末舉行。它在 2011 年贏得北美地區最佳獎牌的殊榮，因為獎牌的外觀令人想起 1950 年代那些閃亮的汽車的車頭。這項路跑有幾個特色，值得一提的是宇宙中心繞道（Center of the Universe Detour），讓你只要在馬拉松的距離之外多跑個 0.3 英里（500 公尺），就可以完成全世界最短的超級馬拉松。這段小繞道很好玩，因為它會引導你進入一個磚造圓圈的中心，在這裡只有你聽得到自己的回音，很奇妙吧？威廉 66 號公路馬拉松不但以狂熱的觀眾而出名，也能夠吸引狂熱的馬拉松跑者，因為主辦單位會給他們一些小優待，例如貴賓特區和一場吉祥物路跑。反正主辦單位什麼都考慮到了，就是要讓你度過一段歡樂的時光。

86

info

類型：道路

距離：吉祥物路跑、1 英里趣味競賽（1.6 公里，健走或路跑）、5 公里（健走或路跑）、21.1公里、42.2 公里接力（3 到 5 人）、42.2 公里

參賽資格：年滿 12 歲（半程馬拉松），年滿16 歲（馬拉松）；弱視或視障人士可以跟導盲犬一起跑

氣溫：5 到 15℃

獎牌：有，還有一張列印出來的完賽證明。另外，首次參加馬拉松的人可以得到一面特殊獎牌；如果你參加的是被評價為馬拉松狂的路跑社團，例如半狂熱（Half Fanatics）、馬拉松狂（Marathon Maniacs）或者 50 州馬拉松俱樂部（50-States Marathon Club），你也可以得到一面特殊獎牌

報名：route66marathon.com

實用資訊：憑這項馬拉松的成績可以去報名波士頓馬拉松

87 葡萄酒杯馬拉松（Wineglass Marathon）
地區：美國，康乃爾（紐約州）（USA,Cornell,New York）

時間：10月初

　　獲選為美國最佳馬拉松之一的葡萄酒杯馬拉松，規劃的路線是五指湖周邊的鄉間道路，範圍介於巴斯（Bath）與康寧市（Corning）之間，該地區以葡萄園和玻璃博物館而聞名。「你會覺得自己跑步的背景，根本是直接取材自美國電影，」來自烏塔韋（Outaouais）的跑者泰瑞松卡提耶這麼說。「你會看到木頭圍籬後面的馬，蕭條沒落的村莊，幾乎家家戶戶都掛著美國國旗，秋天最美麗的色彩則襯托著這一切。」半程馬拉松的終點是市場街，這條路的商店和咖啡廳很有名。如果去參觀康寧玻璃博物館[註]的葡萄酒杯展覽，還可以品嘗當地出產的葡萄酒。

info

類型：馬拉松，有很多喝酒的機會，還有秋天的繽紛色彩

距離：5 公里、8 公里、21 公里、42 公里

參賽資格：年滿 18 歲

氣溫：2 到 16℃，早上馬拉松要出發時天氣可能會很冷

獎牌：有，而且很有原創性，是用康寧的玻璃製作的

報名：wineglassmarathon.com

實用資訊：領取背號時，參賽者會拿到一小瓶當地酒莊出品的酒，再加上一杯酒！參觀葡萄酒杯展覽也可以品嘗當地的葡萄酒。利用在當地停留的機會，可以順便參加塞尼卡葡萄酒越野路跑，或者去參觀玻璃博物館。花大約 50 美金，就可以在玻璃工作坊學習用吹玻璃的技術製造自己的酒杯（名額有限）

●註：著名的康寧玻璃博物館（Corning Museum of Glass）展示5 萬多件的展品，可以盡情欣賞擁有3500 年的玻璃藝品與製作歷史。

88 Wings for Life全球路跑（Wings for Life World Run）

地區：全世界35個城市

時間：5月

「在全球各地 32 個國家超過 35 個城市的幾萬名跑者，參加同一場路跑，在同一個時刻起跑，想到這一點就讓人感動，」來自卡加利（Calgary）的跑者伊恩麥克納林如此解釋。他在 2014 年和 2015 年都參加了 Wings for Life 全球路跑，「我們為所有無法跑步的人而跑，我們知道有超過 10 萬人為了一個善意的理由而跑，使得這個經驗更有意義！」

這個概念有原創性，而且很聰明，因為全世界只有這項路跑的跑者會被起跑線追上。出發的信號響起，所有的跑者同時起跑，30 分鐘後，一輛隨行車開始啟動，然後慢慢加速，直到所有的人都被追上為止。這輛車上的計時裝置從一出發就開始運作，可以將車子超越你的時刻記錄下來，你的比賽也在這一刻結束。你的目標是在被追上以前，跑得越遠越好。男子組和女子組的冠軍是跑了最遠的距離才被隨行車追上的人，無論他們在哪一個城市參加路跑。在 2015 年，跑得最快的男人是一名奧地利人，他成功地跑了 79.90 公里，女子的冠軍則是一名日本人，她跑了 56.33 公里才被追上。跑者不必擔心需要搭便車才能回到起點，因為主辦單位會用巴士把他們載回來。

如果你想參加，可是你居住的城市沒有舉辦這項活動，你可以報名「自拍路跑」，然後跟所有的人同時起跑。在你這種情況下，隨行車將被 WorldRun 應用程式所取代，這可以讓你跟世界上其他的跑者同時進行路跑。Wings for Life 全球路跑是世界上規模最大的慈善路跑之一，它的收入將全部捐給 Wings for Life 基金會，作為脊髓損傷的研究經費。

---

info

類型：道路，慈善

距離：不一定，一直跑到隨行車追上你為止

參賽資格：最低年齡限制，請參考你所選擇的城市的報名方式。歡迎坐輪椅的人來參加

氣溫：不一定。因為比賽同時在全世界的 35 個城市進行，每個地方的時刻都不一樣

獎牌：有，而且男子組和女子組的優勝者分別可以得到一張環遊世界的機票

報名：wingsforlifeworldrun.com/tw/zh/

實用資訊：想讓你的支持者和親朋好友知道你的表現，可以把這項活動的應用程式連結到你的臉書，他們就能夠直接追蹤你的動態，看到你的成績

舉行這項活動的國家：南非、德國、澳洲、奧地利、比利時、巴西、加拿大、智利、克羅埃西亞、丹麥、西班牙、阿拉伯聯合大公國（杜拜）、美國、法國、喬治亞、印度、愛爾蘭、義大利、日本、墨西哥、挪威、荷蘭、秘魯、波蘭、葡萄牙、英國、俄羅斯、斯洛伐克、斯洛凡尼亞、瑞典、瑞士、台灣、土耳其（未來幾年內可能會有別的國家加入）

89 百戰鐵人王路跑
（Wipeout Run）

地區：美國的23個城市以及加拿大的2個城市

時間：日期不一定

你有看過《百戰鐵人王》這個節目，裡面的參賽者是不是很像電玩裡的人物？百戰鐵人王路跑的距離是 5 公里，沿途會出現一些充氣裝置和大得不像話的障礙：有水，有泡沫，還有軟墊可以緩衝你墜落時的撞擊，讓你不至於受傷，更重要的是你會笑得樂不可支，可能會因為成功地征服大紅球而感到心滿意足。你也來扮裝作怪，為這種新形態而且色彩鮮豔的障礙路跑增添歡樂氣氛吧！

info

類型：障礙賽，主要是充氣裝置

距離：5 公里

參賽資格：年滿 18 歲

氣溫：不一定，不過天氣夠熱才舒服，全身濕透也不怕

獎牌：沒有，不過你可以購買 I Conquered 全套組合，其中就包括一面完賽獎牌、一件 T 恤、一些轉印貼紙和其它的東西

報名：wipeoutrun.zendesk.com

實用資訊：主辦單位非常鼓勵扮裝參賽，只是你要確定你的服裝不會妨礙到你的活動

90 威斯康辛乳酪馬拉松
（Wisconsin Cheese Marathon）

地區：美國，基諾沙（威斯康辛州）
（USA,Kenosha,Wisconsin）

時間：5月

自稱 Cheesiest race in the world（全世界最乳酪的賽跑）的威斯康辛乳酪馬拉松，一定能夠讓你的嘴角浮現微笑，因為照團體照的時候，攝影師都會提醒大家說 Cheese。

以乳酪聞名的威斯康辛州，歡迎你來參加這項非常受歡迎的馬拉松。到時候將有 4 千名跑者聚集在基諾沙，其中有些人還戴著巨大的乳酪造型帽子。在出發前也要來個乳酪點召，所有跑者都要穿戴跟乳酪的主題扯得上關係的服裝或配件。這項充滿節慶意味的活動在密西根湖畔舉行，距離芝加哥只有一小時的路程，現場的氣氛固然吸引人，它的獎牌也很有看頭，外觀就像個巨大的圓盤乳酪，想必能夠在你的戰利品收藏中佔有一席之地。

info

類型：道路

距離：5 公里、21 公里、42 公里

參賽資格：5 公里沒有年齡限制，年滿 14 歲可參加 21 公里，年滿 18 歲可參加馬拉松

氣溫：介於 2 到 20℃

獎牌：21 公里和 42 公里有獎牌，而且這獎牌很大。參加 5 公里路跑可以拿到一條緞帶

報名：wisconsinmarathon.com

實用資訊：憑這項路跑的成績可以去報名波士頓馬拉松

加勒比海地區與中南美洲
Caribbean Area and Latin America

91 加勒比100公里路跑（100K del Caribe）

地區：多明尼加共和國北岸（Dominican Republic）

時間：6月

　　你想在海邊度過運動量很大的假期？來參加加勒比100公里路跑，發現你從未見過的多明尼加共和國北岸，這裡不但有沙灘，更有原始到近乎奢侈的自然景觀。你會跟當地的跑者一起跑，他們也想趁這個機會認識自己國家罕為人知的美景。這項活動的創辦人瑪麗露維納是超級馬拉松選手，經常在世界各地參加比賽，身為多明尼加人，她舉辦這項路跑讓大家認識她的祖國的美景與文化。她的任務達成了，因為她在短時間內讓這項越野路跑大受歡迎，尤其在她自己的國內，國民都熱愛路跑。她把這項成就歸功於主辦單位運作順暢，此外每段路程從出發到終點的氣氛都很好，多明尼加人熱情待客，跑者們經過一個星期的相處，很快在彼此之間培養出互助合作的精神。

　　加勒比100公里路跑是少數能夠讓全家人或伴侶跟跑者一起度假的越野路跑，因為基地營設在一間旅館裡，跑者每跑完一段路程就可以回來。這是很罕見的情況，因為這種路跑通常在偏僻的地方舉行，基地營必須不停的跟著遷移。每一天你都必須以跑步、健走或北歐式健走的方式，完成當天的距離（在5天之內總共要完成100公里）。不要太在意距離，因為最艱苦的那一天，距離並不是最長的。第二段，距離17公里，你必須在群山之間爬升1360公尺，最後登上其中一座山的山頂，這不是輕鬆的路線！第四段才是全程中距離最長的，你必須垂降一段路，跨過幾條小溪，在水中跋涉1.5公里並穿過一片紅樹林……很吸引人，不是嗎？

---

info

類型：要進行好幾天，地形多變而且通常難度頗高（沙地、泥土路、步道、河岸邊……等）

距離：總共100公里，分成5段路程在5天內完成

參賽資格：想參加路跑、健走和北歐式健走的人必須年滿18歲，能夠一天跑10到45公里

氣溫：很高，超過30℃。即使跑者一大早就出發，還是難逃高溫和濕氣，尤其在森林中沒有風。2015年那一次，氣溫高達44℃，而且濕氣很重

獎牌：有，完賽者都有獎牌

報名：100kmdelcaribe.com

實用資訊：這項比賽的積點可以用來報名白朗峰超級越野路跑（UTMB）。單純陪伴不參加路跑的成人或兒童可享有特價優惠，居住在多名尼加共和國的跑者同樣有優惠

92 水深火熱耐力路跑（Fuego y Agua Endurance）

地區：尼加拉瓜（Nicaragua）

時間：2月

你應該聽聽在 2015 年跑完水深火熱 50 公里的人怎麼說：「如果你想跑步，跑個 1 英里（1.6 公里）就好；如果你想體驗不同的生活方式，就去跑馬拉松；如果你想跟上帝說話，去跑超級馬拉松；如果跟上帝對話之前，你想先跟魔鬼說話，就去參加水深火熱路跑！」這是環繞一圈的路線，包括攀登奧梅特佩島（位於尼加拉瓜湖中央）的兩座高度將近 2000 公尺的火山：馬德拉斯火山（死火山）以及康塞普西翁火山（活火山），整段路的視野絕佳，可以看到這座島的全貌。

來自蒙特婁的安端聖路易，在 2015 年 2 月跑過這項路跑的 100 公里項目，「主辦單位要求跑者至少要攜帶兩公升的水——這可不是任性的要求，就算有所準備，每個人跑到半途中還是會缺水。以我個人來說，要應付這種高溫，我覺得有困難，而且會很擔心。我甚至在爬上康塞普西翁火山的半路上小睡一下，因為水已經喝光了，而我至少還要跑 3 小時才到得了下一個補給站。這個休息的決定是對的。」

沿途只有最低限度的路線標示，主辦單位要求跑者必須能夠自己辨認方向。安端推薦這項路跑給想要真正經歷生存冒險的人，「主辦單位還特別提醒，有一段路被他們稱為『聲名狼藉的叢林健身房』，我們必須在濃密的樹叢中辨認方向，試著找出看起來已經消失的小徑，並踩在厚厚的泥巴裡。事實上，這簡直就像是障礙路跑，卻長達 100 公里！你要有吃苦的心理準備！話是這麼說，如果你跑得完，以後就有最精彩的故事可以講了。」

info

類型：越野，路線包含步道、泥土路、海灘和狹窄的小徑

距離：25 公里、50 公里、80 公里求生路跑（受邀才能參加）、100 公里、惡魔雙重賽 180 公里（求生路跑＋3 天後舉行的水深火熱耐力路跑）

參賽資格：年滿 18 歲

氣溫：非常熱，可以高達 38℃

獎牌：有，男子組和女子組的前兩名還有獎金，冠軍可以免費參加下一年的比賽

報名：fuegoyagua.org

實用資訊：100 公里所累積的 3 點可以用來報名白朗峰超級越野路跑（UTMB）。活動網站有列出參加這項路跑所需要的裝備。這項活動不提供水杯，你必須自己準備，也強烈建議你準備登山杖

93

93 印加越野馬拉松（Inca Trail Marathon）

地區：秘魯（Perú）

時間：7月和8月

　　事實上印加越野馬拉松並不是大張旗鼓的路跑，因為這項活動在國家公園內舉行，為了保護原始的生態，它只讓一小群跑者參加，也不提供背號，希望儘量減少對環境的衝擊，避免干擾每天行經步道的居民。主辦單位安地冒險（Andes Adventures）被國家地理雜誌譽為全世界最擅長冒險旅遊行程的業者之一，他們從20年前開始，每年舉辦一到兩次印加越野馬拉松，每次開放40幾個名額，這些跑者來自全球超過132個國家。這項路跑被視為南美洲（有些人甚至認為何止南美洲，簡直是全世界）難度最高景觀也最有可看性的路跑之一，包括爬升高度為3048公尺，高山攻頂兩次，還有幾千級的階梯！全程都有一個團隊負責照顧你的安全和身體狀況。馬拉松從海拔3400公尺的庫斯科（Cusco）起跑，沿著當年前往印加帝國聖城朝聖的路線，最後抵達壯觀的終點，傳說中印加帝國[註1]失落的城市馬丘比丘[註2]。沿途你會經過印加帝國堡壘的遺跡，以及茂密如雲的森林。

　　結束印加越野路跑之後，你可以利用接下來的兩天，深入探訪馬丘比丘，然後搭火車回到庫斯科。這將是一趟美好的旅行，不但滿足你對挑戰的渴望，而且讓你有機會跑在地球上最美麗的地方。

---

info

類型：高海拔越野，包含幾千級的階梯

距離：30公里或42公里

參賽資格：沒有限制，最年輕的馬拉松參賽者只有13歲。不過這是高難度的馬拉松（主要是因為高海拔），所以必須有長途路跑的經驗，因為完賽時間會超過10小時

氣溫：秘魯那時候是乾季，氣溫介於4到21℃

獎牌：有，還有一張參賽證明和一件T恤

報名：andesadventures.com/run2asum.htm

實用資訊：由於印加越野的參賽許可在半年多前開始發售，你要及早預約才能確定有名額。印加越野馬拉松的費用包含當地參觀、在正式比賽前幾天舉行的高度適應路跑、住宿、餐點以及導覽服務。歡迎親友隨行，他們可以在當地健行

- 註1：印加帝國（奇楚瓦語：Tawantinsuyu）是11世紀至16世紀時位於南美洲的古老帝國。
- 註2：馬丘馬丘（奇楚瓦語：Machu Picchu），其意為「古老的山」，整個遺址高聳在海拔2350～2430米的山脊上，是世界新七大奇蹟之一。

94 叢林馬拉松（Jungle Marathon）

地區：巴西，帕拉州（Brasil,Pará）

時間：10月

　　你有印度安納瓊斯的本領再乘以 10 次方？被 CNN 稱為「全世界難度最高的耐力路跑」的叢林馬拉松，說不定會適合你。你能夠從食人魚和凱門鱷肆虐的河流裡活下來？一想到睡在叢林裡徹夜聽到吼猴或美洲豹的嚎叫只是讓你氣得咬牙切齒？奔跑在陡峭的山區或者穿越有許多恐怖傳說的沼澤都不會令你害怕？處於極端高溫例如 40℃ 而且濕度將近 100% 的環境中，你也能夠感到自在？如果以上的問題你都回答是，而且誠實作答……幾乎啦，你可以去報名體驗這種獨特的冒險方式！如果你跑完叢林馬拉松還能活下來，這世界上就沒有任何事物阻擋得了你。

info

類型：極限生存，為期數日

距離：42 公里、122 公里、254 公里

參賽資格：年滿 18 歲

氣溫：非常炎熱潮濕

獎牌：有，能拿到獎牌表示你真的很強，另外還有一件 T 恤可以讓你穿出去炫耀

報名：junglemarathon.com

實用資訊：每位跑者都得具備自給自足的能力。主辦單位會提供礦泉水。晚上就睡森林裡的吊床或者在水邊露營

橫跨哥斯大黎加路跑（Costa Rica Trail）

地區：哥斯大黎加（Costa Rica）

時間：11月

　　跑在「比偉大更偉大」的自然環境中，橫跨哥斯大黎加路跑將帶領你認識當地的景觀與居民。這項需要進行好幾天的路跑有兩種形態：每段路程40公里的極限路跑，以及每段路程25公里的冒險路跑，全程總共是200公里或者120公里。「橫跨哥斯大黎加路跑首先是一場有人情味而且能幫助別人的冒險，一部份的報名費將用來改善沿途村落兒童的生活條件」，桑德琳羅森堡如此解釋。她來自比利時，參加過2011年的路跑。那次經驗讓她難以忘懷，每天晚上的餐點由村民準備，晚餐後還可以欣賞當地學童的表演。這項路跑的規模不大，每年開放的名額不到30個，而且可以從西到東橫跨哥斯大黎加，從大西洋到太平洋，中間會經過熱帶森林。在不同的路程中，有可能遇到巨嘴鳥或是令人印象深刻的吼猴，也可以見識到有名的哥斯大黎加海灘。

info

類型：越野，助人

距離：總共120公里或200公里，分成5段路程，每一段大約25公里或40公里

參賽資格：年滿18歲的成人，必須提供醫師證明以確保他們有能力參加這種競賽

氣溫：位於熱帶，天氣可能很炎熱（超過30℃）而且多雨（雨季的末期）

獎牌：沒有，不過會有一件完賽T恤以及當地的手工紀念品。

報名：latranstica.org

實用資訊：主辦單位為參賽者安排10天的行程，讓他們在露營區或者當地的學校住宿。行李必須放進容量80到100公升的軟質旅行袋，由主辦單位負責運送到下一站。除了越野路跑的裝備，還得另外準備睡袋、睡墊和急救包。參賽者會拿到一張不可或缺的安全配備清單，而且在每一段出發前都必須檢查確認

96 跨越馬丁尼克路跑（La Transmartinique）

地區：法國，馬丁尼克島（France,Martinique）

時間：12月

　　跨越馬丁尼克路跑是一項精彩的活動，跑者將會從北到南跨越馬丁尼克，穿過田園、農作區、叢林、沙灘、河流、城鎮，總之這是一場為期三天的冒險。來自隆格耶（Longueuil）的跑者瓊洛史，在 2014 年參加過這項路跑，「我們從大河鎮的海灘起跑，然後爬升 1300 公尺到達佩雷山的山頂，這是一座火山，在萬里無雲的晴空下，從火山口遠眺四周，景色非常壯觀；接著下山，進入熱帶森林中，陡峭泥濘的步道在這裡等著你，兩旁則是大片的綠色植物；路跑的中段是香蕉園之間的寬闊道路，有許多上坡和下坡，跑這種火山形成的陡坡，比一開始的佩雷山更折磨人。不過跑在島的中央，一邊是加勒比海，另一邊是大西洋，好神奇啊！最後一段路是長達 40 公里的沙灘，雖然主要的上坡路段已經跑過了，對於奔波了將近 100 公里的雙腿而言，跑沙灘還真的很累！不過這是最後一段路了，沒有放棄的理由：往聖安（Sainte-Anne）的方向前進，我要衝到椰子樹下的終點！」

　　由於 133 公里的距離和 5250 公尺的爬升高度，這項超級越野路跑被公認是全世界風景最美的 30 條路線之一，困難的程度也是數一數二，因為它的棄賽率非常高。在 2011 年，有將近一半的人沒有辦法跑到終點。事實上，參加過跨越馬丁尼克路跑，才會知道這座法屬安地列斯的島嶼，除了沙灘和椰子樹，還有很多東西值得一看。這項路跑的難度雖然很高，對於有能力挑戰的人來說，卻是難以忘懷的體驗。

---

info

類型：以步道為主，路線包含叢林、農作區、田園、村莊和沙灘等不同景觀

距離：33公里、58公里、超級越野133公里

參賽資格：參加路跑或健行的人必須年滿19歲，體能狀況極佳。超級越野133公里僅限400人參加，必須於42小時內完成比賽

氣溫：熱帶，23到33℃

獎牌：有

報名：transmartinique.com

實用資訊：可閱讀瓊洛史的書《超越平凡》以獲得更多資訊

97 哈瓦那馬拉松（Habana Maraton）

地區：古巴，哈瓦那（Cuba,Habana）

時間：11月

哈瓦那馬拉松，又稱為古巴馬拉松，從 1987 年開始舉辦，被視為古巴最重要的路跑活動。它在古巴的首都哈瓦那舉行，這裡以獨特的建築、老舊的汽車以及興盛的文化而聞名。在比賽的過程中，你會有一種進行時光之旅回到過去的感覺，並且看得到大量的歷史建築、美術館與公園。在 2015 年，第一批「正式報名」馬拉松的美國跑者抵達哈瓦那，因為長達 50 年的古巴旅遊限制令終於解禁了。由於大批美國觀光客湧入，古巴可能會出現變化，所以趁物價上漲、城市改觀之前，去古巴看一看。既然都到了當地，何不趁此機會探訪哈瓦那以及古巴最有名的海灘。

info

類型：道路

距離：5 公里、10 公里、21 公里、42 公里

參賽資格：年滿 18 歲，視障、聽障與行動不便的人也可以報名。坐輪椅的人每個項目都可以參加

氣溫：熱帶的天氣，如果是晴天，柏油路面可能會很燙

獎牌：有，而且有一張註明完賽時間的證明也會頒發獎座給每個項目的優勝者

報名：maratonhabana.com

實用資訊：不管報名哪個項目，費用都相同如果你住在北國，建議你提早幾天抵達，以適應古巴炎熱潮濕的氣候

98 巴塔哥尼亞國際馬拉松
（Patagonian International Marathon）

地區：智利，百內國家公園（Chile,Paine National Park）

時間：9月

這項比賽進行的地點在百內國家公園，位於智利這一邊的巴塔哥尼亞高原，風非常的強勁！在這種地方，即使風從背後吹來，也不用奢望可以打破自己的最快紀錄！不過，園區內獨特的景觀已被聯合國教科文組織列入世界生物圈保護區，包括壯觀的冰川、藍綠色的冰川湖，以及矗立在沿途頂峰高達 2500 公尺的巨大花崗岩石柱，都能讓你大開眼界。跑完馬拉松之後，留一些時間探訪這個地區，因為對於健行的愛好者來說，這裡簡直就是天堂。每年只有一千名幸運者可以參加這項路跑，你會是其中之一嗎？

info

類型：石子路

距離：10公里、21公里、42公里、60公里

參賽資格：年滿16歲可參加10公里，年滿18歲可參加其它的所有項目

氣溫：5到15℃。巴塔哥尼亞的氣溫極端不穩定，而且風非常強

獎牌：在規定時間內完成比賽的人都有獎牌

報名：patagonianinternationalmarathon.com

實用資訊：即使這項路跑不能算是高地路跑，你還是要先適應一下當地的海拔高度

99 雷鬼馬拉松、半程馬拉松與10公里路跑 （Reggae Marathon, Half Marathon and 10K）

地區：牙買加，內格里爾（Jamaica,Negril）

時間：12月

在巴布馬利[註]的國家舉行的這項活動，成功地在國際上受到矚目，並且吸引許多國家的跑者前往牙買加的首都內格里爾（Negril）。在眾人同樂的輕鬆氣氛和雷鬼的音樂聲中，跑者們將可認識當地的文化以及牙買加人的熱情待客之道。這是環繞一圈的路線，從長灣海灘公園起跑，會沿著內格里爾著名的白色沙灘跑 7 英里（11 公里）。

氣溫：23 到 31℃，當地的氣溫可能非常高

獎牌：有，也有參賽證明。優勝者將獲頒巴布馬利獎與麗塔馬利獎，要看得獎人是男性還是女性

報名：reggaemarathon.com

實用資訊：飲水是裝在塑膠袋裡，而不是瓶子裡。有報名的人可以參加主辦單位宣稱的「全世界最佳」義大利麵派對，以及當天晚上的頒獎典禮

info

類型：道路

距離：10 公里、21 公里、42 公里

參賽資格：年滿 10 歲可參加 10 公里，年滿 14 歲可參加 21 公里，年滿 18 歲可參加 42 公里

●註：巴布馬利，全名Robert Nesta Bob Marley，為牙買加唱作歌手，雷鬼樂鼻祖。在美國得到了11 次白金唱片（鑽石唱片），世界銷量達兩千萬張。

傳奇路跑
白馬超級馬拉松與墨西哥銅峽谷的奔跑族之友

你有沒有看過《天生就會跑》[註]這本書，裡面有史考特傑瑞克跟墨西哥的塔拉烏瑪拉印地安人一起跑步的照片？這場傳奇的路跑，其實是綽號白馬（Caballo Blanco）的米卡楚所促成的。白馬是一名美國跑者，已經於 2012 年過世，他希望透過路跑活動募款來保存這些原住民的路跑文化。2015 年上映的紀錄片《自由奔跑》，則是描述米卡楚和塔拉烏瑪拉人（又稱為拉拉穆里人，意思就是奔跑族）之間充滿啟發性與深刻人性的故事。你也因此得知，由於米卡楚的創舉，幾乎每年都會在銅峽谷的烏利克舉行超級越野路跑。這項路跑在 2015 年一度中斷，於 2016 年由烏利克市接手繼續舉辦。這真是個好消息，因為跟塔拉烏瑪拉人接觸過的人，都會從內心由衷地受到感動。在舉行路跑的那幾天，白馬傳統越野步道也開始啟用，這是為了奔跑族而修建的交通要道，長度大約 70 公里，可以從烏利克通往巴托皮拉斯。

來自布蘭維爾（Blainville）的馬克塞岡參加過 2014 年的白馬超級越野路跑之後，心境有了很大的轉變，「跟這些塔拉烏瑪拉人一起跑步，共同相處，吃他們的日常食物，改變了我對路跑以及生命的看法。這裡的景觀看起來不歡迎外來的人，卻是如此的獨特！當我們花兩、三個小時跑一段長長的下坡路前往峽谷中的烏利克，有什麼奇妙的事情發生了，跑完這段路讓人徹底改變，大受感動，只想再次回到這個地方。」

馬克說他很幸運有機會跟奔跑族共進傳統的晚餐。他也非常榮幸參加了一項當地人稱之為小馬路跑（la Carrera de Los Caballitos）的兒童路跑，「現在我對跑步比以前更狂熱了，我的圖騰是柯迪亞克棕熊。」對他來說，白馬超級越野路跑不只是一場比賽，更是自願加入一個更美好的世界，和平而且彼此尊重。「Korima」也就是「屬於我的就是屬於你的，不必遲疑」的觀念，正是奔跑族的文化基礎。

或許有一天，你也能夠以跑者的身份經歷這樣的體驗，在那之前，何妨先去了解，甚至贊助奔跑族之友基金會的活動，這是為了紀念白馬而成立的非營利組織，網址是 norawas.org。

•註：《Born to Run》作者為Christopher McDougall，在台灣已發行繁體中文版。

歐洲Europe

100 100公里愛爾蘭跨越堤道路跑
（100K Ireland Causeway Crossing）

地區：英國，巨人堤道（北愛爾蘭）（UK,Giant's Causeway,Northern Ireland）

時間：5月

跑在巨人堤道的海岸公路上可以見識到愛爾蘭的自然風景。這條路位於北愛爾蘭的安特里姆（Antrim）海邊，被視為全世界最美麗的公路之一。你可以趁機欣賞原始的海岸、強風吹襲的懸崖、海灘，以及令人讚嘆的美景。讓思緒回到過去，一邊想像自己是騎士或者「擅長運動」的公主，一邊跑過那些古老的城堡、城牆以及零星分布的教堂，其中有多處已成廢墟，然而這個地區的歷史，就是這些古蹟共同建立的。路跑的終點巴林托伊（Ballintoy）是個位於漁港邊的小鎮。比賽結束後慶祝活動開始，跟其他的跑者一起喝杯健力士啤酒，然後一整個晚上逛酒吧續攤，你可以品嘗當地的啤酒，感受愛爾蘭人傳奇的待客之道。

---

info

類型：路面多變化

距離：21 公里、42 公里、85 公里

參賽資格：年滿 18 歲

氣溫：大約 16℃

獎牌：有

報名：lostworldsracing.com

實用資訊：由於參加路跑要申請許可，所以只開放 200 個名額。參加 100 公里項目累積的點數可以報名白朗峰超級越野（UTMB）。大受歡迎的電視影集《冰與火之歌：權力遊戲》第二季有部分內容在這個地區拍攝

101 261女子馬拉松與10公里路跑
（261 Women's Marathon&10K）

地區：西班牙，馬略卡島（Spain,Mallorca）

時間：4月

1967 年，卡特琳史威瑟成為第一位參加波士頓馬拉松的女性，在此之前，這項路跑只有男性參加，儘管事實上沒有任何規定可以阻止女性參加。她以 K.V. 史威瑟的名字報名，取得了 261 的背號。她不顧外表上跟其他跑者的差異，混在人群中一起跑。她當時只有 20 歲。路跑的主辦者看到一名女性跑在路上時大為震怒，企圖攔下她，可是被她的教練和男朋友阻擋而無法得逞。從此之後，感謝她的創舉，數以百萬的女性也能夠在世界各地參加路跑和各種運動比賽。

261 女子馬拉松敬佩這名女性不顧傳統和反對，追求自己跑馬拉松的夢想，同時向全世界證明女人跟男人同樣有能力跑這麼遠的距離。她總共跑過 8 次波士頓馬拉松，最後一次是 1975 年。

info

類型：道路，專為女性舉辦

距離：10 公里、21 公里、42 公里

參賽資格：年滿 16 歲的女性可參加 10 公里和 21 公里，年滿 18 歲可參加 42 公里；男性要參加也可以，但是無法贏得獎項

氣溫：介於 12 到 19℃

獎牌：有

報名：261wm.com

實用資訊：食物補給站長達 100 公尺，可避免擁擠

102

貝加爾湖冰上馬拉松（Baikal Ice Marathon）

地區：俄羅斯，貝加爾湖（Russia,Baikal Ice）

時間：3月

貝加爾湖馬拉松是最具俄羅斯風情的路跑活動，也是全世界速度最快的冰上馬拉松。它的路線是從檀河伊跨越貝加爾湖到對岸的利斯特維揚卡（Listvyanka）。貝加爾湖是地球上最深的大湖，當然，每年的這個時候它是結冰的，不然的話就變成游泳比賽了。跑在冰凍的湖面上會使你的跑步技巧面臨嚴苛的考驗，不過如果你是姿勢跑法（Pose）的高手，而且你有像加拿大的彼得寇索斯這麼厲害的教練，他專門訓練選手在冬季溜冰場上跑步，你就可以準備迎接這項挑戰了……幾乎啦！畢竟你是否有勇氣面對寒冷和西伯利亞的強風？

info

類型：冬季，冰面，下雪

距離：15 公里、21 公里、42 公里

參賽資格：年滿 18 歲，經主辦單位同意

氣溫：大約 -12℃，但氣候多變，風很強，可能會下雪

獎牌：有，也有參賽證明。會頒獎給優勝者

報名：baikal-marathon.org或56thparallel.com

實用資訊：建議你穿跑步釘鞋。參加 15 公里和 21 公里的跑者必須先跟隨有經驗的教練上三天的課程，做好參賽的準備。報名費中已包含這項課程的費用。這項路跑是冬奧節（Winteriada）的其中一項活動，這個節慶還包括其它的活動，例如在堪察加（Kamtchatka）舉行的冰上釣魚賽，甚至冰上高爾夫球賽

103 海灘頭馬拉松（Beach Head Marathon）

地區：英國，義本（UK,Eastbourne）

時間：10月

　　每年有超過 1500 名跑者齊聚在義本，就是為了參加這項在英國算是規模盛大的偏離道路馬拉松。探訪南唐斯國家公園周圍的鄉間的確是一件賞心樂事！如果你喜歡帶著狗一起跑，海灘頭馬拉松容許你這麼做，不過牠必須有繫繩，而且你要有把握管得住牠，不會讓牠干擾到其他的跑者和沿途可能會遇到的其他動物。最後的 10 公里很靠近有名的七姐妹斷崖（Seven Sisters），此地的風景固然壯觀，卻也會迫使你耗盡身上僅剩的體力！這條路線不但吸引跑者，也相當受到健行和北歐式健行愛好者的青睞。

info

類型：偏離道路，健行

距離：10 公里、42.2 公里

參賽資格：年滿 18 歲可參加馬拉松，年滿 16 歲可參加 10 公里。凡是未滿 16 歲的跑者都必須有一名成年人陪伴

氣溫：天氣不穩定，可能起霧、下雨或出太陽，氣溫介於 10 到 15℃

獎牌：有

報名：beachyheadmarathon.com

實用資訊：如果你打算帶著狗一起跑，務必先查詢攜帶動物進入英國境內的相關規定

104 畢爾包夜間馬拉松（Bilbao Night Marathon）

地區：西班牙，畢爾包（Spain,Bilbao）

時間：10月

　　參加畢爾包夜間馬拉松將是一個難忘的體驗，除了湧上街頭的跑者，整個城市都會動起來為你加油！為了讓你跑得更有精神，起點和終點設在古根漢美術館[註]的廣場上，一路上都有 DJ 和現場的音樂表演，還有什麼比這個更吸引人的？現場甚至會放煙火！

• 註：古根漢美術館（Guggenheim Museum）是一個專門展出當代藝術作品的美術館，在1997年由古根漢基金會創建。

info

類型：道路，夜間

距離：10 公里、21 公里、42 公里

參賽資格：年滿 16 歲可參加 10 公里，年每 18 歲可參加 21 公里與 42 公里

氣溫：介於 17 到 24℃ 之間，不會曬到太陽，因為比賽在夜間舉行

獎牌：有

報名：bilbaomarathon.com

實用資訊：比賽時你必須戴上主辦單位提供的反光手環

105 巧克力馬拉松（Choco Marathon）

地區：義大利，佩魯賈（Italy,Perusia）

時間：10月

這項路跑在義大利風光明媚的溫布利亞地區舉行，更精確的說法是佩魯賈，同一時間當地正好在舉辦歐洲巧克力節，以這項國際性的活動當作主題，你毫不懷疑自己踏進了美妙的巧克力世界。

info

類型：道路，美食

距離：重生 4.5 公里、21 公里、42 公里、42 公里接力（2×21 公里或 4×10 公里）

參賽資格：沒有限制

氣溫：10 到 18℃

獎牌：有，而且不是巧克力做的獎牌

報名：chocomarathon.it

實用資訊：在 2014 年的第一屆路跑，半程馬拉松比規定的距離更短，不過這項錯誤後來就修正了

106 耶誕午夜路跑（Christmas Midnight Run）

地區：瑞士，洛桑（Switzerland,Lausanne）

時間：12月

耶誕午夜路跑是具有節慶意味的活動，當然充滿耶誕節的精神。這項路跑在洛桑已經舉行了十幾年。當跑者湧上街頭時，每個人都打扮成耶誕老公公或耶誕老婆婆的模樣！主辦單位很有幽默感，邀請你把這項活動當作年度的最後一件善行；事實上這不是一場發禮物的路跑，主辦單位鼓勵你為改善別人的生活而跑，因為這項活動的部分收入將捐給一個人道救援組織，為非洲的國家貝南（Benin）供應飲用水。

如果這個理由還不足以說服你前往洛桑，要知道在這裡你有機會無照駕駛雪橇，把孩子們打扮成小精靈，欣賞到這個城市的夜景，成為夜間的「麋鹿」，甚至可以吃到烤乳酪，在終點喝一杯溫熱的葡萄酒。這項路跑的愛好者非常狂熱，他們甚至推出 #LausanneRunning 音樂播放清單，所挑選的路跑音樂都能夠完美搭配你的腳步。現場也會有一名 DJ，用最美好的經典耶誕音樂帶給你感動。路跑結束後，歡迎你留下來享受節慶，參加午夜之後繼續進行的其它活動。我們幾乎可以把這項路跑稱為「跑者的耶誕大餐」！

info

類型：道路，節慶、扮裝

距離：1.5 公里、2.25 公里、4.8 公里、7.2 公里

參賽資格：年滿 8 歲的孩子可以參加 1.5 公里和 2.25 公里，年滿 16 歲可以參加 4.8 公里和 7.2 公里。全部的參賽者都要穿上耶誕老公公或耶誕老婆婆的服裝

氣溫：大約 10℃

獎牌：沒有，不過每位跑者都可以得到一份耶誕禮物

報名：midnightrun.ch

實用資訊：每位跑者必須自備耶誕老公公或耶誕老婆婆的服裝

107 紅牛400（Red Bull 400）

地區：德國、奧地利和世界上其它國家（Germany、Austria）

時間：介於5月到10月之間

你以為跑 400 公尺很簡單？醒悟吧！因為這說不定是你一生中最艱難的一段路。這項挑戰會耗盡你的體能和意志力，你的速度和耐力也將面臨空前的考驗。紅牛 400 在世界上好幾個國家的奧運跳台滑雪坡道上舉行，包括加拿大的惠斯勒，美國猶他州的帕克城（Park City），德國的蒂蒂湖─新城（Titisee-Neustadt），奧地利的比紹夫斯霍芬（Bischofshoven），甚至哈薩克的阿拉木圖（Almaty）。這些路線有相當大的比例是坡度超過 35 度的坡道，往往需要手腳並用才爬得上去。多米妮克格蘭傑是加拿大人，任職於奧地利的紅牛，曾經在德國和奧地利兩度挑戰紅牛 400。根據她的說法，這項比賽很瘋狂，即使是短距離，依然需要動用相當多的體力。由於這項路跑無論天氣好壞都照常舉行，有些地段的路面可能會非常濕滑，一定要穿抓地力夠好的跑鞋，不要像她第一次參加時，隨便穿一雙舊鞋就上場了。而且沿途真的

很陡，有時候必須抓住一大把野草才能保持身體的平衡。由於坡度不小，滑落的風險確實存在，所以要注意安全，以免稍有不慎就滑落幾十公尺。

---

info

類型：垂直路跑，在天然或人工路面上向高處衝刺

距離：個人400公尺，團隊（女子、男子、混合）4 x 100公尺，消防隊員組隊4 x 100公尺

參賽資格：年滿16歲（未滿18歲必須提供一份同意書，由一名家長或監護人簽名）

氣溫：根據舉行的地點各有不同，無論天氣好壞都會照常舉行

獎牌：每個地點不一樣，不過參加者往往可以拿到很吸引人的參賽禮物。每個項目的優勝者將獲頒獎牌或獎座

報名：www.redbull400.com

實用資訊：在某些比較陡的路段可能需要在繩網上攀爬。自行車騎士的手套可能會派上用場

108 耶誕布丁10公里路跑（Christmas Pudding 10K）

地區：英國，大朗戴爾
（UK,Dungeon Ghyll）

時間：12月

　　這項以耶誕節為主題的扮裝路跑，可以讓全家人同樂，它的路線沿著大朗戴爾峽谷長達 10 公里，沿途美如仙境。這項路跑沒有獎牌，每位參賽者到達終點後都可以拿到一個耶誕布丁。

---

info

類型：道路，扮裝

距離：10 公里

參賽資格：全家人都可以參加

氣溫：6 到 9℃，可能會下雨

獎牌：以一個耶誕布丁取代傳統的獎牌

報名：greatlangdaleroadraces.co.uk/christmas-pudding-10k/

實用資訊：舉行路跑的道路並沒有交通管制，所以要特別注意安全，尤其是帶著孩子一起跑的人

109

康尼馬拉國際馬拉松
（Connemara International Marathon）

地區：愛爾蘭，戈爾韋郡（Ireland,County Galway）

時間：3月底、4月初

以美麗的山丘和景色聞名的康尼馬拉國際馬拉松，是愛爾蘭西部最重要的路跑活動，每年吸引來自三十幾個國家超過3千人來參加。跑這條路線是對自我的挑戰，因為高低起伏的路段非常多，不過愛爾蘭的美景和當地人的熱情招待可以讓你忘記自己跑得多辛苦……幾乎啦！呈現在你眼前的迷人景觀除了山丘、冰川湖、荒野的陡坡，還有克萊瑞峽灣旁的漂亮小鎮利瑙恩（Leenaun）。不妨利用在當地停留的機會去探訪康尼馬拉地區，這裡是運動愛好者的天堂，尤其是騎馬，康尼馬拉的馬非常有名。

info

類型：道路，路跑與健走

距離：21.1 公里、42.2 公里、超馬 63.25 公里

參賽資格：年滿 18 歲

氣溫：6 到 15℃。由於天氣變化得很快，記得準備保暖衣物，抵達終點後就能穿上

獎牌：有

報名：connemarathon.com

實用資訊：來自戈爾韋、烏特拉德（Oughterard）與克利夫登（Clevedon）這三個地方的跑者，可以利用主辦單位提供的往返接駁車。如果有啦啦隊陪同，建議他們到「西方地獄」的山頂上等候，在那裡他們的鼓掌喝采會更受歡迎

110

耶誕喧囂（Corrida de Noel）

地區：法國，伊西萊穆利諾（France,Issy-les-Moulineaux）

時間：12月

　　耶誕喧囂包含好幾項以慶祝耶誕為主題的路跑活動，歡迎全家人一起同樂。主辦單位什麼都安排好了，就是要讓你放心地來參加：在舉行路跑的前幾個星期，有免費的團體訓練活動，喜歡自己練習的人也可以參考他們提供的訓練計畫；路跑當天還提供托兒服務（要付費），可代為照顧 4 到 10 歲的兒童。這些小小的貼心舉動讓這項路跑年復一年辦得非常成功。在路跑項目中，最有看頭的當然是跑者都打扮成耶誕老婆婆、耶誕老公公或耶誕小精靈的扮裝路跑。當這群人努力爬上一段長500 公尺斜度 10% 的上坡，不但要扮裝，有些人還拉著雪橇，真的是一大挑戰！

info

類型：道路，耶誕路跑

距離：1.5 公里、3 公里、6.2 公里、10 公里耶誕老婆婆和老公公扮裝大型狂歡節、10 公里地區代表計時賽，小學校際挑戰賽，中學校際挑戰賽、企業挑戰賽

參賽資格：沒有限制，不過參加 10 公里耶誕老婆婆和老公公扮裝大型狂歡節的人必須年滿 15 歲

氣溫：5 到 15℃

獎牌：有

報名：corrida-noel-issy.com

實用資訊：所有的參賽者，包括孩童，都必須提供醫師證明。你可以用很合理的價格向主辦單位訂購耶誕老人的服裝，在比賽當天跟背號同時領取

111 龍之背脊路跑（Dragon's Back Race）

地區：英國，威爾斯（UK,Wales）

時間：每隔一年的5月

貝豪斯（Berghaus）龍之背脊路跑是全世界難度最高的越野路跑之一，自從1992年首度舉辦，這項路跑在超馬跑者之間就佔有傳奇性的地位。然而卻必須等到20年之後，才於2012年恢復舉辦。這項分段進行的路跑採取幾乎「一直線」的路線，總共要跑5天。指引方向只能靠GPS和地形圖來定位。這條路線全長300公里，累計爬升高度1萬6千公尺，完全位於山區偏離道路的荒野地帶。應該這麼說：龍之背脊路跑不只是單純的越野路跑，而是你和其他200名跑者在將近一個星期內所共同經歷的一場令人難以置信的冒險！

這項路跑僅限山區路跑經驗豐富的超級馬拉松跑者才可以參加，接受個人或兩人一組報名。沿途的背景是威爾斯的群山，目標則是征服這個地區的龍，在古代這條龍是公國（君主制）的象徵。要怎麼征服呢？沿著山的稜線從北往南攻上一座又一座的山頂，起點和終點分別是康威城堡（Conwy Castle）和卡雷格凱南城堡（Carreg Cennen Castle）。你在半途中幾乎遇不到人，但是一定可以看到山羊和山區的綿羊。在2015年的第三屆路跑，最先抵達終點的6位跑者中，有3位是女性。

---

info

類型：山區荒野偏離道路，必需利用地形圖甚至 GPS 定位

距離：在 5 天內跑完大約 300 公里

參賽資格：年滿 18 歲經驗豐富的越野跑者，具有克服山區和高危險地區的應變能力，參賽者的名額僅限 200 名

氣溫：無論氣溫或能見度的變化都很大

獎牌：冠軍將獲頒「山的氣息」龍形獎座，完成比賽的人也可以得到縮小尺寸的龍形獎座

報名：dragonsbackrace.com

實用資訊：這項路跑每隔一年舉行一次，和拉斯角超級越野路跑（Cape Wrath Ultra）輪流舉行。下次舉行的時間預定在 2017 年 5 月。每位跑者的早餐、下午的簡餐以及晚餐由主辦單位供應，而且是 100% 的奶蛋素食。不過跑者在路跑途中的飲食必須自己準備。住宿在帳篷裡，你必須自備睡墊以及適合三種季節、甚至四季的睡袋。每位參賽者都有三件行李：一個是日間急救包，在路跑時必須隨身攜帶；一個是飲食補充包，每天都會放在半路上必經之處；還有一個旅行袋每天會直接運送到基地營，其中就包含睡袋

112

巴黎生態越野路跑（Eco Trail de Paris）

地區：法國，巴黎（France,Paris）

時間：3月

　　巴黎生態越野路跑不但是都會中的路跑，也是法國一項非常重要的自然路跑，它的終點位於巴黎的市中心。這項有點瘋狂的計畫誕生於 2008 年，它引導跑者穿越大大小小的森林，也彰顯巴黎的自然與文化遺產。來自比利時安特衛普的薩娜松

112

拉利參加過這項路跑 3 次，她第一次挑戰 50 公里，後來又跑過 80 公里和 30 公里。「我以前沒想到巴黎這麼綠，而且來到 80 公里的終點艾菲爾鐵塔，從地面仰望還真的很壯觀。此外，沿途的風景也很美。我還記得第一次參加時，在凡爾賽宮的公園裡享用了豪華豐盛的午餐，以這種方式展開新的一天，真是太美好了！」薩娜推薦這項路跑給想要開始接觸越野路跑的人，因為爬升的高度不至於太誇張。

　　2015 年又新增一個路跑項目：垂直攀登艾菲爾鐵塔。如果你是獲選的幸運者之一，就可以從底下的廣場一路爬到這座高塔的頂端，總共 1665 階，爬升高度 279 公尺。

---

info

類型：互助越野

距離：18 公里、30 公里、50 公里、80 公里、垂直攀登艾菲爾鐵塔

參賽資格：沒有限制，不過名額有限

氣溫：4 到 12℃

獎牌：有

報名：traildeparis.com

實用資訊：一定比例的報名費將捐給國家森林保護局做為森林復育的經費，地點由該單位決定。參加 80 公里路跑所累積的點數可以報名白朗峰超級越野（UTMB）

113

奧斯陸生態越野路跑（Eco Trail d'Oslo）

地區：挪威（Norway）

時間：5月

參加奧斯陸生態越野路跑，趁機認識挪威的自然景觀與首都奧斯陸。你不但可以從一個全新的角度來看這座城市，對於你的錢包來說也很划算：當你完成報名或者抵達現場時，將會拿到堆積如山的禮物，這有點像是跑者的耶誕節，不過時間卻是 5 月。2016 年的參賽者就免費得到一雙 Altra 的越野路跑鞋，還有一些其它的贈品！

---

info

類型：都市越野，路面多變化

距離：18 公里北歐式健走、18 公里、30 公里、45 公里、80 公里

參賽資格：18 公里的項目沒有年齡限制，參加其它的項目必須年滿 16 歲

氣溫：15 到 25℃

獎牌：有，還有很多獎品！比賽結束後，你可以上網下載你的參賽證明

報名：ecotrailoslo.com

實用資訊：參加 80 公里路跑所累積的點數可以報名白朗峰超級越野（UTMB）

114 聖殿騎士耐力越野路跑（Endurance Trail des Templiers）

地區：法國，拉爾札克（France,Larzac）

時間：10月

在神奇的柯斯（Causses）地區舉行的這項耐力越野路跑，是聖殿騎士節路跑週末的其中一項活動，這個節慶還包括好幾項不同距離的路跑。這項耐力越野路跑是同類比賽的始祖，在 1999 年首度舉辦後，在法國各地掀起一股超級越野跑的熱潮。這裡說的可是在荒野地區跑 100 公里，適合喜歡面對挑戰以及「迷失在森林中」的人，儘管機率微乎其微，因為沿途的路標很清楚，即使夜間也不易迷路。來自馬斯庫斯的貝諾瓦波佩參加過 2013 年的比賽，「我喜歡沿著斷崖，跑在拉爾札克峭壁旁的小路上。我喜歡這條路線的變化多端，有的地方視野開闊，有的小徑僅容一人通行。」他也很驚訝的見識到媒體是多麼熱衷於報導法國的越野路跑，「在這裡，主辦單位把超馬跑者奉為上賓，什麼都安排得好好的，一切的努力就是為了讓你有個愉快的體驗。路跑結束後會招待一頓當地風味餐，你也可以趁機參加節慶的其他活動，如果你還有力氣的話……當然要先好好地小睡一下！」

---

info

類型：越野，超級越野

距離：100 公里。由於那個週末有多項路跑活動，你可以上主辦單位的網站，研究一下其它的項目和距離。提醒你，其中有一項是母女共同參加的女聖殿騎士路跑

參賽資格：年滿 18 歲，需要提供醫師證明

氣溫：介於 10 到 19℃

獎牌：沒有，不過所有的參賽者都可以領到一份精緻的完賽獎品，也會頒發藝術造形獎座給表現優異的跑者和優勝者

報名：festivaldestempliers.com

實用資訊：這項路跑的路線位於高海拔地區，不妨提前幾天抵達讓身體先適應。當地的停車空間十分有限。參加 100 公里路跑所累積的點數可以報名白朗峰超級越野（UTMB）。所有的參賽者都會拿到一份迎賓禮物。只有主辦單位的食物補給站才能提供救助服務

115

115

伊卡諾羅賓漢馬拉松與半程馬拉松
（Ikano Robin Hood Marathon & Half Marathon）

地區：英國，諾丁罕（UK,Nottingham）

時間：9月

這項馬拉松邀請參賽者成為真正的現代羅賓漢，他們不只是打扮成歷史人物，還要替慈善組織募款。這可不是打劫有錢人，只是勸他們捐款……手段合法喔！這項路跑進行的時候，只見上萬名身穿綠衣背後有披風的人跑在諾丁罕的街頭上，也是一項奇觀。

info

類型：道路

距離：2.5 公里、21 公里、42 公里

參賽資格：年滿 4 歲可以參加迷你馬拉松，年滿 17 歲可以參加半程馬拉松，年滿 18 歲可以參加馬拉松

氣溫：7 到 18℃

獎牌：有

報名：robinhoodhalfmarathon.co.uk

實用資訊：你的服裝可以線上購買，不然舉行路跑的前幾天，在諾丁罕的一間商店裡也可以買到

116 艾拉島馬拉松（Islay Marathon）

地區：英國，艾拉島（蘇格蘭）（UK,Isle of Islay,Scotland）

時間：9月

威士忌和路跑的愛好者，這項活動很適合你。在一趟旅行中結合你所熱愛的兩種事物，目的地是蘇格蘭一個恬靜的小島，光是這座島上就有8間單一麥芽威士忌釀酒廠。

這項馬拉松在9月舉行，不像梅多克馬拉松（Marathon du Medoc），這裡的食物補給區不供應含酒精飲料，因為他們堅持你跑到終點時頭腦是清醒的，還能站得穩。況且比賽一大早就舉行以避免塞車，因為這裡只有一條主要道路。反正你總有機會喝到島上生產的優質威士忌。出發點和終點的背景聲是風笛的旋律，更增添這項路跑的吸引力。你將獲邀參加ceilidh，也就是馬拉松之夜，這是以蓋爾（Gaelic）的傳統音樂和舞蹈為主題的慶祝活動。舉行馬拉松的前一天晚上，你也可以跟當地居民共享義大利麵晚餐。

---

info

距離：42公里

參賽資格：年滿18歲。名額真的很有限，2016年只開放100個

氣溫：多變，但可能會很涼爽，有降雨的機會，因為蘇格蘭向來多雨

獎牌：完賽者有獎牌。其實它的外觀介於獎牌和獎座之間，由當地高中的學生和教職員以手工製作

報名：Islaymarathon.com

實用資訊：報名費將用來贊助艾拉島上年輕人的人道救援之旅。若想更融入當地的氛圍，你可以閱讀羅勃克洛格寫的《艾拉島的秘密：黃金、馬拉松與單一麥芽威士忌》，他把這項比賽當成故事的素材，還加上高爾夫球賽的情節。你可以向波莫旅館（Bowmore Hotel）訂房，這間旅館附設的酒吧所供應的威士忌種類繁多，令人大開眼界

117

香檳路跑（Champagne Marathon）

地區：法國，馬恩河谷（France, Val-de-Marne）

時間：5月

　　全世界只有這項路跑的食物補給站供應的香檳多到快要溢出來，光是這一點就值得喝采。參加這項路跑最大的目的就是要開心：85% 的跑者會扮裝登場，一半以上的人來自法國以外的地區。有人甚至編了一段舞要跳給評審看，只為了能夠拿到獎品。抵達終點後，你拿到的不是獎牌，而是一個香檳杯，裡面裝滿香檳，這是一定的。如果你抽獎的手氣好，還可以從 170 瓶香檳中拿到其中的一瓶。這項路跑從勒伊出發，沿途會經過香檳葡萄園和三個美麗的村莊。你有兩種跑法可以選擇：計時或沿路品嘗香檳。我是不知道你怎麼想，不過下決定應該很容易……乾杯！

info

類型：道路，酒喝到飽

距離：在葡萄園之間跑 18 公里，形式是計時路跑，其實很隨興歡樂，還能品嘗香檳。無論你的選擇是什麼，抵達終點後都可以領到一個香檳杯

參賽資格：年滿 18 歲，因為供應含酒精飲料

氣溫：大約 20℃

獎牌：沒有，不過你會拿到一個香檳杯，裡面裝滿香檳，還有一件紀念 T 恤

報名：la-champenoise.com

實用資訊：路跑之前的兩小時有一場跑者扮裝遊行。第二天的導覽行程將告訴你一切跟香檳有關的秘密

118 公主路跑（Princesses Marathon）

地區：法國，凡爾賽（France, Versailles）

時間：6月

你的體內沉睡著一位公主或皇后？你一直想體驗城堡裡的生活，或者看看瑪莉安東尼皇后住過的凡爾賽宮[註]公主路跑將帶領你發現凡爾賽宮周圍的美景、氣派的林蔭大道和夢幻的森林小徑，最後抵達的終點是特亞農宮的華麗庭園，繁花似錦的天堂！以扮裝的方式展現你也有皇家的血統，穿蓬蓬裙、戴皇冠、甚至穿上瑪莉安東尼風格的華服，只要你喜歡，把這些行頭通通穿在身上，讓你跑起來更顯得貴氣逼人。當天凡爾賽宮還會舉行其他的路跑活動，誰知道，說不定你可以遇到你那位穿跑鞋的王子。

info

類型：道路，限女性參加

距離：8公里

參賽資格：女性年滿16歲，未滿16歲的人必須有家長或監護人手寫的同意書

氣溫：介於14到20℃

獎牌：有

報名：gosportrunningchateaudeversailles.com

實用資訊：如果你喜歡參加距離更長的路跑，可以報名今日皇后挑戰賽：15公里的皇家路跑。如果你有小孩，他們可以參加400公尺的騎士路跑，並且打扮成騎士或公主的模樣。一部份的報名費將作為凡爾賽宮的維修經費

● 註：凡賽爾宮在1682年至1789年期間，是法國的王宮及政治中心，宮殿為古典主義風格建築，內部裝潢則以巴洛克風格為主。於1979年被列入《世界文化遺產名錄》。

119

巴黎凡爾賽盛大經典路跑
（La Grande Classique Paris-Versailles）

地區：法國（France）

時間：9月

　　號稱盛大經典，這項路跑是法國少見的結合公益活動。主辦單位鼓勵「有用處的路跑」，邀請有意願的跑者加入互助挑戰賽，希望他們能夠捐助 150 歐元（甚至更多）給這項活動關注的其中一個協會，例如非洲路跑（Africa Run），他們會分送跑鞋給非洲人。來自蒙特婁的榮馮蘇瓦荷內，在 2001 年參加過巴黎凡爾賽路跑，「我選擇這項路跑，首先是因為它的路線。難度當然有，不過也可以趁機欣賞美景，認識法國首都的一些經典建築。我們從艾菲爾鐵塔底下出發，沿著塞納河畔跑一段路，接著爬上「衛兵丘」（cote des Gardes）這段有名的上坡路，穿過森林中的小徑，在抵達終點凡爾賽宮之前，必須先跑完宮殿前方長達 2 公里看似平坦（其實是上坡）的巴黎大道。」

　　由於巴黎凡爾賽路跑也想吸引頂尖的跑者來參加，所以會提供優先背號給速度很快的跑者，例如能夠在 33 分鐘內跑完 10 公里的男子選手，或者能夠在 39 分鐘內跑完 10 公里的女子選手。

氣溫：介於 15 到 20℃

獎牌：有，每年都會在獎牌上紀念某個週年日，或是國內或國際間的某件善行

報名：parisversailles.com

實用資訊：有一位名叫榮馬利西俄的跑者參加過前 38 屆的每一場路跑！報名要趁早，因為名額很快就沒有了。如果你無法順利取得背號，可以試著報名互助挑戰賽，他們會保留一定的名額給參加路跑同時願意捐款給人道救援組織的人

119

info

類型：道路，結合公益

距離：16 公里

參賽資格：年滿 17 歲，必須有醫師證明

120 一群傻瓜（La Ruee des Fadas）

地區：法國南部的好幾個城市

時間：5月到10月之間

　　這項路跑是扮裝的節慶活動，參加的團隊必須達成超過 30 項任務，或者在 8 到 12 公里的路程中克服各種障礙。你們必須奔跑、匍匐前進、跳躍、滑行、游泳、攀爬，最重要的是互相幫助，一定會沾到很多泥巴。當天晚上還有一場精彩的晚會。

---

info

類型：障礙賽

距離：8 公里和 12 公里

參賽資格：沒有限制，不過需要提供醫師證明與身分證

氣溫：根據舉辦的城市各有不同

獎牌：有

報名：rueedesfadas.fr

實用資訊：團隊報名沒有最少或最多人數限制

121 勒卡維谷超級馬拉松（Laugavegur Ultramarathon）

地區：冰島，蘭德曼納勞卡國家公園
（Iceland,Landmannalaugar National Park）

時間：7月

這項山區路跑會經過蘭德曼納勞卡國家公園，來自加帝諾的維吉妮德莫認為這裡是冰島風景最美的地方。她在 2015 年參加過這項路跑，「它的路線會帶領我們穿越積雪的山頂、冒煙的溫泉、荒涼的峽谷和山間的河流，而且是跋涉過河，水深及膝！我甚至在積雪 30 公分的地方跑了 12 公里！你會覺得自己真的是來到世界的盡頭，如果想要暫時遠離熟悉的環境，這個地點真是太理想了！」

121

info

類型：超級越野

距離：55 公里

參賽資格：年滿 18 歲

氣溫：5 到 20℃

獎牌：跑完全程的人都有獎品，優勝者也有額外的獎勵

報名：marathon.is

實用資訊：這項路跑所累積的點數可以報名白朗峰超級越野（UTMB）。除了勒卡維谷超級越野路跑，這個地區還有一項雷克雅未克馬拉松（Reykjavík Marathon），來自加拿大馬亨內的路易菲利浦佩洛岡參加過這項路跑的 10 公里項目，他對這條路線很滿意，「如果你想跑在柏油路面上，距離不要太長，還可以趁機欣賞冰島的美景，這是很好的選項。當天還有雷克雅未克文化之夜，這是冰島最盛大的文化節，讓你有機會在一天之內將文化與運動結合。」

121

122 布佳迪女子路跑（Les Demoiselles du Bugatti）

地區：法國，勒芒（France,Le Mans）

時間：10月

　　這是「布佳迪的腳步」路跑節的其中一項活動，舉行的地點就是勒芒24小時耐力賽（24 heures du Mans）的傳奇賽車道。每年有一萬兩千名婦女罹患乳癌，這項路跑希望動員女性去做乳癌的預防性檢查。在起跑前有一個重要的節目：集體暖身！想像一萬兩千名女性，全部穿著粉紅色的衣服，以同樣的節奏做動作，真是令人難忘的場面！

info

類型：道路，女性

距離：5公里

參賽資格：年滿7歲的女孩和女人。未滿18歲的人必須有家長同意書。每一筆報名費會提撥5歐元作為對抗乳癌的經費

氣溫：平均16℃

獎牌：只有優勝者才能領獎，不過所有的參賽者都可以拿到一件T恤

報名：lesfouleesdubugatti.com

實用資訊：除了女子路跑，還有一場接力馬拉松，由2到6人組隊參加，並以「勒芒式」的方式起跑：跑者列隊站在跑道的一側，他們的鞋子排在另一側，聽到槍響，跑者必須先跨過跑道，穿好鞋子，才能開始往前衝。從跑者的大姆指通過拱門的那一刻起開始計時

123

倫敦河鼠路跑（London River Rat Race）

地區：英國，倫敦（UK,London）

時間：7月

　　倫敦河鼠路跑是一項障礙賽，你必須跑步或快走 10 公里，並且克服一些設置在硬質地面或水中的障礙。有好幾次你必須穿上主辦單位提供的救生衣，甚至划一小段獨木舟！結局就是到達終點時，你的全身都會濕透！你的參賽可以幫助庇護組織募款，該組織提供求救電話專線，需要時可以出動去救援無家可歸或者非常落魄的人。

info

類型：障礙路跑

距離：大約 10 公里

參賽資格：年滿 16 歲。未滿 18 歲的人必須由家長在同意書上簽名才能夠報名。最好要具備獨自游泳 50 公尺的能力。接受個人或團體報名

氣溫：大約 19℃

獎牌：有

報名：ratraceevents.info

實用資訊：建議你穿著很快乾的運動服，不要穿長褲，也不要穿厚毛衣，因為這類衣物濕掉以後會變得很重

124 里昂都會越野路跑（Lyon Urban Trai）
里昂都會越野夜間路跑（Lyon Urban Trail By Night）

地區：法國，里昂（France,Lyon）

時間：4月和11月

在法國舉行的都會越野路跑，算起來一年至少有上百場，在這個國家幾乎已經成為一項專門的運動了。里昂不但沒有錯過這股潮流，甚至可以自稱先鋒，在法國、甚至全歐洲的同類路跑中居於領先的地位。參加都會越野路跑是認識這座城市的好方法，你可以探索建築古蹟，欣賞薩哈滑雪道、古爾吉永斜坡和里昂富維耶山的古羅馬劇場。這項活動每年吸引大約 8 千名跑者。

info

類型：都會越野

距離：13 公里健行、13 公里計時、23 公里、35 公里

參賽資格：年滿 16 歲可以參加 13 公里計時路跑，年滿 18 歲可以參加 23 公里，年滿 20 歲可以參加 35 公里。年滿 12 歲就可以參加 13 公里健行

氣溫：介於 10 到 15℃

獎牌：沒有，不過報名的時候會拿到一份禮物

報名：lyonurbantrail.com

實用資訊：所有的參賽者都必須提供醫師證明。里昂都會越野夜間路跑在11月舉行

125

雅典馬拉松（Athens Authentic Marathon）

地區：希臘，雅典（Greece,Athens）

時間：11月

　　正如大家所知，馬拉松這項運動的名稱是來自一則雅典的傳說：一位名叫菲利皮底斯的希臘傳信兵，必須從馬拉松跑到雅典，約 40 公里的路程，以便通知己方陣營前線已經戰勝波斯人的消息，這場戰役發生在西元前 490 年。根據傳說——不過這一個說法被很多的歷史學家證明是真有其事——菲利皮底斯宣布完這項好消息之後就死了……或許你也一樣，跑到雅典馬拉松的終點時已經快要累死了，因為從第 11 公里到第 31 公里都是上坡！這段上坡路夠長，足以考驗你的意志力能夠支撐多久。

info

類型：道路
距離：兒童路跑、輪椅路跑 1.2 公里、5 公里、10 公里、42 公里
參賽資格：年滿 12 歲可參加 5 公里，年滿 18 歲可參加 10 公里和 42 公里
氣溫：14 到 17℃
獎牌：有，每個組別的優勝者還有獎金
報名：athensauthenticmarathon.gr

126

柏林馬拉松（Berlin Marathon）

地區：德國，柏林（Germany,Berlin）

時間：9月

　　這項馬拉松毫無疑問是全世界最重要的馬拉松之一，而且既然是德國人主辦，每一個細節當然都順暢完美！來自蒙特婁的薇洛妮卡尚潘參加過 2012 年的馬拉松，她毫不遲疑地表示這是她所參加過舉辦得最成功的馬拉松，「儘管參賽者成千上萬，而且全程 42 公里都是一群人靠得很近，但是過程非常流暢，因為跑者已經依據實力適當地分組，跑得很順！以路線來說，這是完美的觀光路跑，從公園裡起跑非常愉快，因為有美麗的綠地和許多樹蔭，而終點的景色也相當壯觀！」

info

類型：道路
距離：42 公里
參賽資格：年滿 18 歲
氣溫：7 到 17℃
獎牌：有
報名：bmw-berlin-marathon.com
實用資訊：由於參加的人非常多，建議你早一點到現場領取背號

佛羅倫斯馬拉松（Florence Marathon）

地區：義大利，佛羅倫斯（Italy,Florence）

時間：11月

說到佛羅倫斯就會聯想到藝術、歷史和……Nutella 榛果可可醬！這是義大利第二大的馬拉松，規模僅次於羅馬，同時也是全世界最重要的 20 項馬拉松之一。佛羅倫斯馬拉松會給你一種錯覺，彷彿跑進巨大的露天博物館，看到許多雕像和文藝復興時期的建築，包括主座教堂廣場、老橋和領主廣場；你也會穿越鄉村公園，這是當地最大的公園，佔地 16 公頃，綠意盎然，洋溢著異國風情；路跑的終點是華麗的聖十字廣場，位於佛羅倫斯古城區的中心。

這條路線可以跑得很快，因為沿途都是柏油路面，幾乎沒有坡度，對於各種類型的跑者來說都很理想。克里斯提安梅奇亞利來自蒙特婁，他決定在祖先的國家跑生平第一場馬拉松，佛羅倫斯成為他的選擇，他覺得這是一次不平凡的體驗，「主辦的人充滿熱情，沿路都能感受得到。他們的接待熱誠，食物補給也安排得很好，有提供浸透水的降溫海綿，在半途中還分發脆餅。在終點為跑者奉上的則是抹了 Nutella 的麵包片，真是典型的義大利作風！以這種規模的馬拉松來說，路跑前的說明會真是令人印象深刻。報名費很便宜，每位跑者還能拿到一件無袖紀念外套，而且說明會當場就可以幫你印上名

字，跟一般路跑比賽發的 T 恤相比，這個絕對完勝！」

info

類型：道路

距離：42 公里

參賽資格：年滿 20 歲，必須是某個 IAAF 運動協會的合格會員，或者拿得出在活動當天有效的醫師證明。跑者有 6 小時的時間可以跑完馬拉松

氣溫：4 到 14℃

獎牌：有

報名：firenzemarathon.it

實用資訊：除了視野開闊的美景，以這項馬拉松的收費標準來說，它的品質相當令人滿意

128

聖米歇爾山海灣馬拉松
（Marathon de la Baie du Mont-Saint-Michel）

地區：法國，聖米歇爾山（France,Mont-Saint-Michel）

時間：5月

位於英國與諾曼地之間的聖米歇爾山海灣是聯合國教科文組織認可的世界文化遺產，也是舉世公認景色最美的地區之一。在這裡還可以觀察歐洲最大的海潮。沿途都可以看到聖米歇爾山，這個景點也是路跑象徵性的終點。

---

info

類型：道路

距離：聖馬洛女子5公里、聖馬洛10公里、42公里、42公里雙人

參賽資格：聖馬洛女子5公里歡迎所有的女性參加，必須年滿20歲才能參加馬拉松

氣溫：10到15℃

獎牌：有

報名：www.marathondumontsaintmichel.com/fr

少女峰馬拉松（Jungfrau Marathon）

地區：瑞士，少女峰（Switzerland,Jungfrau）

時間：9月

號稱「歐洲屋脊」的少女峰位於瑞士的阿爾卑斯山，更精確的說法是位於伯恩高地。這項馬拉松的出發點是風景優美的知名小鎮因特拉肯（Interlaken），海拔568公尺，終點是克萊納謝德格（Kleine Scheidegg），高度……2100公尺！所以這是一路上坡的馬拉松，從27公里之後爬升的高度更大，最後一公里卻是非常陡的下坡！

提波菲斯原籍瑞士，目前定居蒙特婁，他說：「沿途的風景絕美，我們會遇到冰川湖、一些小鎮、甚至幾隻瑞士乳牛，牛的脖子上還掛著大鈴鐺！由於這項路跑非常耗體力，觀眾給我們很多的鼓勵，尤其在上坡路段，這種打氣方式真的很貼心！終點是克萊納謝德格的車站，可以眺望少女峰，不過要跑到終點好困難，尤其在藍色的晴空下，因為顏色的對比非常刺眼！」

info

類型： 山區馬拉松，柏油路、健行步道與山路

距離： 兒童路跑200公尺、1公里和1英里（1.6公里）等三個項目、42公里

參賽資格： 6到8歲的兒童可參加200公尺迷你路跑，年滿10歲可參加1公里，12歲到16歲可參加1英里（1.6公里），年滿18歲可參加42公里

氣溫： 大約10到20℃

獎牌： 有，跑完馬拉松的人還有一件完賽T恤，孩子們也可以拿到獎牌和T恤

報名： jungfrau-marathon.ch

實用資訊： 觀眾購買火車一日券，可於活動當天無限次搭乘法國國鐵的列車。出發點、終點和食物補給站的位置圖，以及各地點的高度圖，都可從活動網站上列印。可以利用在當地停留的機會去探訪伯恩高地的山、湖泊與田園風光。搭乘歐洲最高的齒軌鐵路前往少女峰的山頂，此地的海拔高度超過3400公尺！你可以眺望阿萊奇冰川，走在終年不融的積雪上，甚至寄明信片給親朋好友，因為山頂上有一間郵局

130 倫敦馬拉松（London Marathon）
地區：英國，倫敦（UK,London）

時間：4月

　　四月的時候，有大約 3 萬 8 千人在倫敦馬拉松的出發點準備起跑，畢竟這是全世界最重要的馬拉松之一。你想參加，還得看抽籤的運氣好不好。

　　2016 年，有 247069 人報名，表示只有比 15% 多一點的跑者能夠拿到背號。由於金氏世界紀錄是這項馬拉松的官方合作夥伴，你跑的時候也有機會登上金氏世界紀錄！為了達成這個目標，你必須事先填寫一份表格，如果你成功地創下紀錄，你的記錄將在幾個鐘頭內獲得認可。要舉例嗎？穿超人裝跑馬拉松的最快紀錄是 2 小時 30 分 12 秒，套在睡袋裡跑馬拉松的最快紀錄？4 小時 20 分 21 秒！

info

類型：道路

距離：42 公里

參賽資格：年滿 18 歲，需要抽籤

氣溫：大約 11℃

獎牌：完賽者都有獎牌

報名：virginmoneylondonmarathon.com

實用資訊：無論任何情況都不得轉讓背號

131 布拉格馬拉松（Prague Marathon）

地區：捷克，布拉格（Czechia,Prague）

時間：5月

　　讓布拉格的魅力征服你吧！有些人認為它是歐洲最浪漫的城市。布拉格懂得如何引誘你：以它的建築、歷史……還有風味絕佳的啤酒，跑完馬拉松就可以暢快的品嘗！

---

info

類型：道路

距離：與狗健行、家庭迷你馬拉松、42 公里企業接力、42 公里團體（每位成員都要跑完全馬的距離）、42 公里個人、數位布拉格馬拉松

參賽資格：年滿 18 歲可參加馬拉松

氣溫：8 到 18℃，下雨的機率高

獎牌：有，還有一張參賽證明

報名：runczech.com

實用資訊：你的報名費包含活動當天免費搭乘大眾運輸工具，以及免費參觀某些博物館和古蹟。在起跑前和抵達終點後還可以享受一次免費的按摩

132 鹿特丹馬拉松（Rotterdam Marathon）

地區：荷蘭，鹿特丹（Netherlands,Rotterdam）

時間：4月

　　鹿特丹馬拉松在 2015 年是第 35 屆，這條路線也是以能夠跑得快而聞名。你將與 3 萬人一起等待出發，其中不乏頂尖的跑者，當代表起跑的加農砲聲響起，眾人就要從庫辛格（Coolsingel）出發，奔向鹿特丹的街頭了。「我喜歡跑在這個城市裡，它的現代建築讓人大開眼界，」來自加帝諾的跑者泰瑞松卡提耶如是說。「我一直忘不了跑在伊拉斯謨橋[註]上的感覺，它是西歐最大也最能載重的豎旋橋。何況現場的氣氛非常熱烈，沿途幾乎有一百萬名觀眾在為跑者加油。這是荷蘭最受矚目的運動賽事之一。」

---

info

類型：道路

距離：1 公里與 2.5 公里的兒童路跑、4.2 公里、10.55 公里、42 公里

參賽資格：年滿 14 歲可參加 10.55 公里，年滿 20 歲可參加馬拉松

氣溫：5 到 19℃

獎牌：有

報名：nnmarathonrotterdam.org

實用資訊：食物補給的系統非常先進，以 Smart Drinking 的方式提供飲水，就是在水杯口加一圈海綿，以免你邊跑邊喝的時候水灑出來

•註：伊拉斯謨橋（Erasmusbrug）跨越新馬斯河，連接鹿特丹北部和南部地區。以尼德蘭中世紀哲學家德西德里烏斯・伊拉斯謨的名字命名。

133 斯德哥爾摩馬拉松（Stockholm Marathon）

地區：瑞典，斯德哥爾摩（Sweden,Stockholm）

時間：6月

　　這項馬拉松在 2015 年吸引了超過 100 個國家的參賽者！在 21500 名跑者中，超過三分之一來自瑞典以外的地區，總之，它受歡迎的程度已遠遠超越國界。它的路線是在非常美麗的斯德哥爾摩市區繞兩圈，沿途經過皇宮、市政廳和皇家歌劇院，全程 42 公里幾乎都跑在水邊。馬拉松的終點奧林匹克體育場，自從 1912 年落成以來，已經有 83 項世界紀錄在這裡打破，當你參加這項馬拉松時，也會因此激起超越自我的雄心，加上沿途有幾十萬名觀眾為你加油，你應該有足夠的精力以勝利者的姿態跑進體育場，完成你的 42.2 公里。

---

info

類型：道路

距離：42 公里，第二天還有一場兒童路跑

參賽資格：年滿 18 歲可參加馬拉松，5 到 13 歲可參加兒童路跑

氣溫：大約 18℃，溼度將近 50%

獎牌：有，還有一件路跑 T 恤

報名：stockholmmarathon.se

實用資訊：如果你無法參加這項馬拉松，可以透過網路即時追蹤有參賽的朋友的表現

134 威尼斯馬拉松（Venice Marathon）

地區：義大利，威尼斯（Italy,Venice）

時間：10月

這不僅是一場馬拉松，更是一場令人著迷的路跑，威尼斯是義大利最美的城市之一，你可以跑過它的 13 座橋！10 公里路跑的跑者可以跟 42 公里馬拉松跑一樣，以勝利者的姿態抵達終點。當你跑過著名的聖馬可廣場，觀眾會在七烈士水岸迎接你並為你喝采。

info

類型：道路和石板路

距離：家庭路跑、10 公里、42 公里

參賽資格：年滿 18 歲可以參加 42 公里

氣溫：7 到 15℃

獎牌：有，還有一張參賽證明

報名：venicemarathon.it

實用資訊：出示背號就可以免費參觀比薩尼別墅（la Villa Pisani）

135 維也納馬拉松（Vienna Marathon）

地區：奧地利，維也納（Austria,Vienna）

時間：4月

跟著莫札特的古典音樂和約翰史特勞斯的華爾滋的節奏跑，這兩位都是奧利地最有名的音樂家。維也納馬拉松邀請你來認識這座城市在傳統與現代之間的對比，你將會經過一些古蹟，包括西西皇后住過的美泉宮[註]，還有維也納歌劇院，最後抵達氣派豪華的英雄廣場。趁著在維也納停留的機會，你可以去品嘗有名的薩赫蛋糕（sachertorte），這種有巧克力片和杏桃醬的經典巧克力蛋糕就是源自維也納。

info

類型：道路

距離：2 公里、4.2 公里、21 公里、42 公里

參賽資格：年滿 18 歲可以參加馬拉松，未滿 18 歲的人若想報名，必須有家長或監護人簽名同意

氣溫：大約 10℃

獎牌：有

報名：vienna-marathon.com

實用資訊：路跑前一晚舉行的世界友誼派對，可以讓你義大利麵和可麗餅吃到飽，為明天的馬拉松儲備熱量

●註：美泉宮（德：Schloss Schönbrunn）座落在維也納西南部的巴洛克藝術建築，總面積2.6萬平方米，僅次於法國的凡爾賽宮。

136 尼斯湖馬拉松（Loch Ness Marathon）

地區：英國，蘇格蘭（UK, Scotland）

時間：9月

大家都聽說過尼斯湖水怪的傳說。經過了幾百年，這個傳說依然令遊客著迷，他們幻想水怪會突然從蘇格蘭高地的這座湖底竄出水面。這項馬拉松會讓你有身在荒野的錯覺——尤其是這裡經常起霧，出發時現場還有人吹奏風笛。你沿著尼斯湖岸的陡坡跑，誰知道，說不定在半路上會遇到水怪？前面 16 公里主要是下坡和幾處突然隆起的短上坡，路徑相當曲折，四周則是蘇格蘭典型的綠野風光。下坡結束後接著就是好幾段上坡，難怪這項馬拉松被認為是英國爬升下降高度差距最大的路跑。最後一段路，你將跨過尼斯河，跑向位於印威內斯（Inverness）市中心的終點。

印威內斯是蘇格蘭高地的首府，回到這裡，主辦單位會發給你一面獎牌、一件 T 恤以及一袋禮物。你甚至可以喝到一碗 Baxters 的湯，因為這個品牌是尼斯湖馬拉松的主要贊助商。在離開之前，你不可免俗的會去跟尼斯湖水怪的塑像拍一張合照，紀念你曾經到此一遊。如果你跑完馬拉松還有多餘的體力，可以留下來欣賞現場音樂表演，參加其它的節慶活動，品嘗眾多攤位販售的當地美食。

---

info

類型：道路

距離：兒童路跑 400 公尺、5 公里、10 公里、42 公里

參賽資格：沒有限制

氣溫：每年都不一定，即使路跑進行時天氣也不穩定，可能出太陽、下雨、起霧或下毛毛雨

獎牌：有，還有一件人造纖維毛衣和一袋禮物

報名：lochnessmarathon.com/

實用資訊：有接駁車可以把你載到距離印威內斯大約 42 公里的起點。沿路有幾處位於灌木叢中的「尿尿」地點，可以讓那些沒想到這段路這麼長的人解決內急。其實出發點設有大量的廁所，在隊伍中等候時甚至有人奉茶，服務真好，而且沿路也都有供應茶水。據說印威內斯懸賞 100 萬英鎊給能夠證明尼斯湖水怪真正存在的人，所以你離開蘇格蘭時說不定已經是百萬富翁了⋯⋯

梅多克馬拉松（Marathon du Medoc）

地區：法國，梅多克（France,Medoc）

時間：9月

這可能是全世界最貪圖享樂的馬拉松了！首先主辦單位邀請你扮裝以呼應該年度的主題。來自蒙聖西萊的喬瑟佩沃斯特參加過 2015 年的馬拉松，開心得不得了！「扮裝在路上跑，動不動就停下來品嘗沿途 23 個地點供應的美酒、生蠔和烤得恰到好處的肋排，這需要全身的協調性，不過你的身體保證會有快感！」想像一下這個情景：幾千名扮裝的跑者，興高采烈得跟孔雀一樣，一邊跑步一邊吃美食喝葡萄酒，「而且都沒有喝到劣酒！」喬瑟特別強調，「我們到每一處酒莊，都像電影明星一樣受到熱烈歡迎。節慶的氣氛真的非常濃厚，在這裡根本沒有人在乎成績，我們跑一跑，有時候就用走的，反正只是好玩嘛！而且這項活動自稱是全世界最慢的馬拉松，我想大家也猜得到原因……」

info

類型：道路，美食，玩樂

距離：42 公里

參賽資格：年滿 20 歲

氣溫：14 到 27℃

獎牌：有

報名：marathondumedoc.com

實用資訊：有一項很好的紀念品提供給你：1月的時候就可以看到拍攝完成的馬拉松影片

138

白朗峰馬拉松（Marathon du Mont-Blanc）

地區：法國，霞慕尼（France,Chamonix）

時間：6月底

在傳奇的白朗峰所舉行的這項馬拉松，被譽為全世界風景最美的越野路跑之一，每年吸引來自超過65個國家的7千名跑者參加。這座山壯闊的景觀會讓你目瞪口呆，不過你還得爬上去呢！42公里的路線累計爬升高度2760公尺，下降高度1704公尺。雖然週末最重要的兩項路跑是23公里越野和馬拉松，你也可以報名其它的項目，包括千米垂直競速或80公里超級路跑，後者或許是法國最講求技術的越野路跑，雖然它的難度很高，5960公尺的高度落差很驚人，但是景色之美卻也是數一數二的。你還必須跑在黑夜中，因為起跑的時間是清晨4點。

來自聖奧古斯坦德戴摩（Saint-Augustin-de-Desmaures）的亞歷山德梅哈在2014年跑過42公里，「白朗峰馬拉松從霞慕尼的城中廣場起跑。這個上薩瓦省的城鎮海拔將近1000公尺，而且位於白朗峰的山腳下（阿爾卑斯山脈最高峰，海拔4810公尺），從此地仰望白朗峰，在天氣晴朗時看起來真的很壯觀。光是當地典型的建築風格和四周巨大的山頂就值得到此一遊。沿途也有經過山坡上幾個典型的村落，當地的居民擠在狹窄的道路旁為跑者加油，此情此景不可能忘得掉。當我抵達霞慕尼高低起伏的街道時，群眾看到我背號上的加拿大國旗就大喊：加拿大加油！實在太令人陶醉了！」

138

info

類型：越野，超級越野

距離：兒童迷你越野800公尺到3公里、10公里、越野（23公里）、馬拉松（42公里）、超級（80公里）

參賽資格：年滿16歲可參加10公里，年滿18歲可參加千米垂直競速和10公里，年滿20歲可參加42公里和80公里。分發背號時會抽籤。報名時一定要有醫師證明或者經過認可的運動協會所頒發的競賽許可

氣溫：10到25℃

獎牌：有，人人有獎

報名：montblancmarathon.net

實用資訊：任何項目都要先確認跑者必備安全裝備

139 薄酒萊國際馬拉松
（Marathon International du Beaujolais）

地區：法國，維爾朗什（France,Villefranche）

時間：11月

跟來自六十多個國家的 11000 名跑者一起奔跑「過量」吧！體驗這項有點超現實的路跑，將近半數的跑者會經由服裝打扮來發揮創意！這項馬拉松的同樂意味十足，即使你沒有特別扮裝，在食物補給站也可以品嘗到當地出產的酒。好吧，你可以只喝水或運動飲料，不過喝一點酒會讓你臉頰微微泛紅、嘴角上揚，當你重新出發時，心情跟腳步都會變得更輕盈！

還是有些困難的地方要注意：有階梯要爬，第 30 公里到 35 公里之間有些上下坡，所以要適當分配你的體力。路跑之夜在馬拉松的當天晚上舉行，這是一場盛會，有大餐、樂隊表演和頒獎儀式。星期天是葡萄酒遊樂園（Hameau du Vin）的慶祝日，有參觀、早午餐和慶祝活動。

info

類型：道路，穿越薄酒萊鄉間

距離：12 公里、21 公里、42 公里

參賽資格：年滿 16 歲可參加 12 公里，年滿 18 歲可參加 21.1 公里，年滿 20 歲可參加 42.2 公里

氣溫：3 到 10℃

獎牌：有

報名：marathondubeaujolais.org

實用資訊：服裝是這項馬拉松的一部份，跑者對他們的穿著都很用心。發揮你的創意，但注意服裝不會妨礙到活動自由，不然要跑 21 公里或 42 公里，你可能會覺得這段路好遠……

140 塞加馬艾斯科里山區馬拉松
（Maraton Alpina Zegama-Aizkorri）

地區：西班牙，巴斯克地區（Spain,País Vasco）

時間：11月

這項路跑是 2016 年「天空跑全球系列」的其中一項活動，進行的地點是西班牙巴斯克地區的阿拉茨山與艾斯科里山區。這條路線的難度很高，能夠吸引世界頂尖的越野路跑菁英以及無比熱情的觀眾，無論你的表現如何，一路上都會有人為你加油打氣。

info

類型：山區越野

距離：42 公里，累計爬升高度 5472 公尺

參賽資格：年滿 18 歲，參賽名額最多 450 人

氣溫：不一定，從出太陽到下雨甚至下雪，什麼都有可能

獎牌：只有男子和女子的前三名有獎

報名：zegama-aizkorri.com

實用資訊：限定在 8 小時內跑完全程，可帶登山杖

141

男人的健康適者生存路跑
(Men's Health Survival of the Fittest)

地區：英國的好幾個城市

時間：9月到11月

這是最大規模的都會障礙路跑，在 10 公里的路程中至少有 50 道關卡！每個城市的路線都有各自的特色，不過某些受歡迎的關卡會出現在所有的路線中。在曼徹斯特甚至有一個 21 公里的路線，適合大膽的人去挑戰，不過最重要的場次在倫敦，可吸引一萬人參加，他們必須克服 75 道關卡，包括棧道（Boardwalk），其實是走在繩網上。

info

類型：障礙路跑，道路以及多種不同的路面

距離：5 公里、10 公里、21 公里

參賽資格：年滿 16 歲，不過未滿 18 歲的人必須有家長在同意書上簽名

氣溫：秋天的氣溫，但比賽結束時你的身體也濕了

獎牌：有

報名：mhsurvival.co.uk

實用資訊：在某些地方的比賽，例如卡地夫（Cardiff），有些障礙是設在水裡的，參賽者要穿救生衣。在終點附近有販賣食物和啤酒的攤位（所以身上要準備零錢）。雖然這項活動的名稱強調男人，其實女性也可以參加

142 Microgaming曼島馬拉松與半程馬拉松（Microgaming Isle of Man Marathon and Half Marathon）

地區：英國，曼島（UK,Isle of Man）

時間：8月

這是英國最受歡迎的路跑之一，在介於英國和愛爾蘭之間的曼島上舉行，當地原始的自然景觀和海岸都很令人嚮往。

info
類型：道路

距離：21公里、42公里

參賽資格：年滿17歲可參加21公里，年滿18歲可參加42公里

氣溫：15到20℃

獎牌：有

報名：isleofmanmarathon.com

實用資訊：沿途沒有交通管制。跑者只能喝自己隨身攜帶或者食物補給站提供的水和飲料，以避免圖利任何人。想要挑戰更高的難度，可以報名「邪惡不打烊」（No Rest for the Wicked）系列在全馬和半馬結束的當週所舉行的活動。路跑結束後會招待一頓晚餐

143 乳牛馬拉松（Mooathon）

地區：愛爾蘭，多尼戈爾（Ireland,County Donegal）

時間：9月

穿上你最美的乳牛裝來參加乳牛馬拉松，這項有趣的路跑在愛爾蘭的多戈尼爾舉行。沿途有許多上下坡，不過這裡的美景會讓你陷入一種幾乎可說是神秘的氛圍中……不用期待打破記錄啦！話是這麼說，參加這項路跑的經驗會讓你過很久都忘不掉，不只是因為遇到許多穿乳牛裝的人在跑馬拉松。2016年那次的路跑在星期六舉行，跑者一抵達終點就可以暢飲美味的啤酒……要繼續慶祝一整晚也行，只要你還有體力的話。

info
類型：道路，扮裝

距離：迷你乳牛10公里、低脂21公里、全脂42公里

參賽資格：沒有限制。但是你身上的打扮必須有黑色和白色，最好是乳牛圖案的服裝或者配件，否則就會失去資格

氣溫：12到18℃

獎牌：有，而且獎牌會發出乳牛叫聲

報名：mooathon.com

實用資訊：你可以向路跑網站訂購有乳牛圖案的衣服和配件

144

芬蘭裸體路跑（Nakukymppi Nude Run of Finland）

地區：芬蘭，帕達斯約基（Finland,Padasjoki）

時間：6月

回到人類初始的狀態，穿亞當和夏娃的服裝去參加路跑！芬蘭裸體路跑在帕達斯約基舉行，吸引的主要是裸體的擁護者，按照規定跑10公里身上只能穿跑鞋、襪子……還有帽子，只要你喜歡。女人倒是可以穿胸罩以對抗地心引力。你可以自己決定要跑多遠，路線則是借道邊界的公路，這是為了減少對當地居民造成困擾，原因大家都知道。裸體路跑，體驗自由的感受，不過也要考慮偶發的意外可能造成嚴重的後果。抵達終點後，歡迎到特拉蘭塔露營區享受蒸氣浴和泡澡，這個露營區距離活動的地點不遠。

info

類型：森林小徑和鄉間道路

距離：10 公里

參賽資格：年滿 18 歲

氣溫：涼爽，很適合裸體路跑

獎牌：只有男子和女子的前三名有獎牌

報名：koti.mbnet.fi/hhela/naku10/english.html

實用資訊：如果你對這種路跑有興趣，在世界上其它地區也有類似的活動，例如加州的裸驢 5 公里路跑（Bare Burro 5K），或者西班牙潘普洛納的人類路跑（The Human Race）。千萬不要忘記攜帶驅蚊用品，因為蚊子一定很高興選擇你來飽餐一頓

145

跟火車賽跑（Race the Train）

地區：英國，陶因（UK,Tywyn）

時間：8月

跟火車賽跑是一項很獨特的路跑，跑者會經過一般的道路，也會跑在田野間的鄉村小路上。他們先搭乘泰利倫鐵道（Talyllyn）古老的蒸氣火車前往阿布吉諾溫車站，然後下車往回跑，目標是跑得比原路開回去的火車更快！一聽到汽笛聲，跑者和火車就同時出發。如果要跑贏火車，必須以每小時至少 16 公里的速度跑大約兩個小時。即使跑者有時候會被火車追過，但是火車會在車站停下來載客，跑者還是有機會在它抵達終點站之前追上它。來自好幾個國家的跑者每年都來跟火車賽跑，而且每年都有一些人真的跑贏了火車！

info

類型：道路，鄉間，越野

距離：旋轉挑戰（14 英里 /22.5 公里 ）、挑

戰盃（3人團隊）、獵物挑戰（6.2英里/10公里）多高克與提尼溫罕挑戰（5.5英里與3.5英里/9公里與6公里）

參賽資格：年滿17歲可以參加旋轉挑戰，年滿15歲可以參加獵物挑戰，年滿10歲可以參加多高克挑戰，年滿9歲可以參加提尼溫罕挑戰

氣溫：14到18℃
獎牌：有
報名：racethetrain.com
實用資訊：由於這項路跑的路線會經過私人土地，所以不能進行賽前練習。若不遵守這項規定，可能會導致這項比賽將來無法繼續舉辦

146 Saucony埃赫蒙德半程馬拉松（Saucony Egmond Halve Marathon）
地區：荷蘭（Netherlands）

時間：1月

　　這項半程馬拉松自1973年首度舉辦以來，已經建立良好的名聲。每一年，參賽者都必須適應變化多端的天氣，可能炎熱而且艷陽高照，也可能颳著強風宛如暴風雨。由於50%的路線不是一般道路——有一段路會經過沙灘和北海的沙丘，其它的才是濱海埃赫蒙德這個海邊小鎮的道路，所以挑戰性相當高，尤其是如果比賽當天有強風撲面而來。這項路跑非常受歡迎，不但能夠吸引頂尖的跑者，路跑經驗不多的一般人也很捧場。

---

info

類型：不同路面的道路，土地，沙灘
距離：10.5公里、21.1公里
參賽資格：年滿14歲可參加10.5公里，年滿18歲可參加21.1公里
氣溫：-5到10℃
獎牌：有
報名：sauconyegmondhalvemarathon.nl
實用資訊：這項路跑大部分的資訊都只有荷蘭文，不過主辦單位很歡迎外國人來參加

147

甜酒小徑——五漁村超級越野路跑
（Schiacche Trail–Ultra Trail delle Cinque Terre）

地區：義大利，五漁村（Italy,Cinque Terre）

時間：3月

五漁村稱得上是義大利風景最秀麗的地區之一，它的範圍包括海邊的幾個小漁村，還有那條著名的藍色小徑（Blue Trail），可以通往各個村子。五漁村超級越野路跑的路線是環繞一圈47公里，爬升高度3000公尺，起點和終點都在蒙特羅索（Monterosso），這是最尾端的漁村，遊客也最多，因為它有美麗的沙灘。跑者會借道從前給驢子走的小路，並經過一小段藍色小徑。你看到的那些小漁村、海岸、山坡上的葡萄園和橄欖樹的景觀，全都美得令人讚嘆不已。

info

類型：越野

距離：47 公里

參賽資格：年滿 18 歲

氣溫：4 到 14℃

獎牌：有

報名：sciacchetrail.com

實用資訊：五漁村是聯合國教科文組織認定的世界文化遺產，村與村之間的交通往來全依靠火車

147

148 施耐德電機巴黎馬拉松
（Schneider Electric Marathon de Paris）
地區：法國，巴黎（France,Paris）

時間：4月

在巴黎市區內跑 42.2 公里，不用左閃右躲車輛，聽起來很吸引人，不是嗎？每年 4 月，來自 140 個國家的 5 萬名跑者，藉由這項傳奇性的馬拉松征服巴黎的街頭。這是世界上最重要的路跑活動之一，大約 35% 的跑者來自法國以外的地區，他們將趁著路跑的機會，以不同的眼光觀察這座城市的一些象徵性地標。

「跑者在非常熱烈的氣氛中跨出腳步，從凱旋門出發，直接跑在香榭麗舍大道上！」來自蒙特婁的茉莉布沙如此描述。她參加過 2011 年的路跑。「我們會經過一些非常有名的地點，包括杜勒麗花園、羅浮宮、巴士底廣場，然後繞進凡松森林的自然環境中跑一小段路。在大約第 30 公里處可以看到巴黎聖母院、奧賽美術館和艾菲爾鐵塔，這使我們的精神為之一振，又有體力跑進布隆森林完成最後的 10 公里。抵達福煦大道後，終點凱旋門就在眼前，看起來真的很氣派！這項路跑辦得非常成功，無論你在領先組或殿後組，食物補充站的物資都很充足，有些站還會提供讓跑者降溫的浸水海綿，這是很貼心的舉動。俗話說『看著巴黎而死』，在四月的這一天，這句話可以改成『看著巴黎而跑』！」

info

類型：道路，跑在都市中

距離：兒童路跑 1.2 公里與 2.2 公里，巴黎早餐路跑 5 公里，馬拉松 42 公里

參賽資格：參加馬拉松必須年滿 20 歲，並提供可參加路跑比賽的醫師證明

氣溫：大約 12℃

獎牌：有

報名：www.schneiderelectricparismarathon.com/en/

實用資訊：背號不可轉讓，違反此項規定者若在比賽期間遭遇或引發任何意外，後果需自行負責

148

149 TCS阿姆斯特丹馬拉松（TCS Amsterdam Marathon）

地區：荷蘭，阿姆斯特丹（Netherlands,Amsterdam）

時間：10月

阿姆斯特丹和它的運河使這項路跑變得更有趣。馬拉松的路線會經過市中心，可以趁這個特別的機會好好地欣賞運河邊房屋的典型建築風格，這些如同蜘蛛網分佈的運河令阿姆斯特丹顯得獨樹一格。這條路線相當平坦，起點和終點都是奧林匹克體育場，1928 年的夏季奧運就在這裡舉行。

「你會經過好幾間博物館，包括國家博物館、梵谷美術館和博物館廣場上的其他博物館，還有凡德爾公園，它是阿姆斯特丹最大也最受歡迎的公園；你也會沿著阿姆斯特河跑，這條河切過運河，綿延好幾公里；你還會跑在一條鄉間道路上，看到一些低窪開拓地（在荷蘭淺海區的土地上築堤並把水抽乾）、農田、林布蘭[註]的雕像和幾座有名的荷蘭風車，」來自卡帝諾的派屈克聖皮耶如此説明。他參加過 2014 年的路跑。這項馬拉松獲得國際田徑總會（IAAF）的金牌認證，代表它舉辦得非常成功。

「這不是支持者最多的馬拉松，只有起點和終點的體育場看台上有比較多觀眾，不過如果你在運河邊遇到船夫在他的小船上為你加油，也不用太吃驚。在馬拉松舉行的前一天，只要花幾歐元，就可以在早安城市路跑（Good Morning City Run）的活動中暖暖身，它的阿姆斯特丹觀光路跑（Tourist Run Amsterdam）導覽行程可以帶領你認識這座城市和它的景點，路程 3.3 公里或 6.5 公里，是很輕鬆就能跟上的節奏。」

---

info

類型：道路

距離：回聲迷你馬拉松（阿姆斯特丹當地兒童的 1000 公尺路跑）、寶貝龍兒童路跑（700 公尺）、8 公里、半程馬拉松、42 公里

參賽資格：年滿 18 歲可參加馬拉松，年滿 16 歲可參加半程馬拉松，8 公里路跑則沒有資格限制

氣溫：平均 11 到 15℃

獎牌：有，而且花幾歐元就可以把你的姓名和完賽時間刻在獎牌上

報名：tcsamsterdammarathon.nl/fr

實用資訊：為了擁有更真實的體驗，你可以在運河邊的船屋住一晚。若要前往路跑的出發點，除了搭乘大眾運輸工具，你也可以租用自助腳踏車。在食物補給方面，每隔 5 公里就有攤位供應飲水和荷蘭的 AA 運動飲料，還有香蕉和海綿

●註：林布蘭（Rembrandt）是歐洲巴洛克藝術的代表畫家之一，也是17世紀荷蘭黃金時代繪畫的主要人物。

150 大猩猩路跑（The Great Gorilla Run）

地區：英國，倫敦（US,London）

時間：9月

想像幾百隻大猩猩攻佔倫敦的街頭，彷彿電影《決戰猩球》的場景重現！舉辦這項路跑是為了呼籲世人關注這個遭受威脅的物種。事實上你可知道，全世界只剩下不到9百隻山地大猩猩！大猩猩路跑希望可以避免這種動物的絕種。這項路跑是比爾奧迪發起的，這位英國的名人希望貢獻一己之力來保護這個物種。他向願意聽他說話的人宣稱這是全世界最好玩的動物保護活動。為了達成這個目的，每位跑者都要穿上主辦單位提供的大猩猩裝，並且以這身裝扮跑完8公里。

info

類型：慈善、扮裝、少見

距離：8公里

參賽資格：年滿14歲。不過未滿16歲的跑者必須有一名成年人陪同

氣溫：10到19℃，不過穿大猩猩裝可能會比較熱

獎牌：有

報名：greatgorillarun.org

實用資訊：服裝已包含在報名費裡，所以跑者可以把大猩猩裝帶回家。如果你住在英國以外的地區，主辦單位會要求你在路跑當天直接領取服裝，以免郵寄費用太貴

151

皇家大英軍團主要系列賽
（The Royal British Legion Major Series）

地區：英國的好幾個地區

時間：春天與秋天

皇家大英軍團主要系列賽不但被稱為英國最好的障礙路跑，也是氣氛最友善的，軍團的成員是真正的或者已退伍的英國陸軍，他們會激勵你，前來協助你，或是讓你接受考驗。自從 2016 年加入新的合作對象之後，這項障礙路跑就以主題區的方式，提供參賽者更獨特的體驗。他們喊出一句口號「No Mud, No Glory」，意思是指「沒有泥巴就沒有榮耀」，所以你可以預料回家後要多使用洗衣劑了！

info

類型：障礙賽

距離：5 公里與 10 公里

參賽資格：年滿 17 歲，沒有年齡上限，因為曾經有 75 歲的參賽者

氣溫：春天進行的路跑氣溫 8 到 10℃；秋天進行的路跑 12 到 15℃

獎牌：有

報名：britmilfit.com/major-series

實用資訊：現場沒有淋浴間，所以要準備替換衣物和溼紙巾

152 相撲路跑（The Sumo Run）

地區：英國，倫敦（UK,London）

時間：7月

你喜歡真正非比尋常的扮裝路跑？選這個就對了。跟吸溼排汗運動衫說莎喲娜拉，來參加倫敦的相撲路跑吧！報名的時候你會領到一件充氣的相撲服，到時候你就穿上這件可笑的服裝，在倫敦的巴特錫公園，跟另外5百人一起進行5公里路跑，保證你們會笑得東倒西歪！參賽者將應邀加入捐款活動，或者多付一些報名費，以幫助某個獲得主辦單位支持的慈善組織。路跑結束後，所有的參賽者都會得到獎牌，不過最好玩的是你可以把充氣的相撲服帶回家。你已經有現成的萬聖節服裝了！

info

類型：道路、慈善、扮裝、少見

距離：5公里

氣溫：15到19℃

獎牌：有

報名：sumorun.com

實用資訊：超過60歲的人和學生，報名費有25%的折扣

153 三峰帆船競賽（The Three Peaks Yacht Race）

地區：英國（UK）

時間：6月

從 1977 年開始舉行的三峰帆船競賽是一項獨特的活動，結合帆船、路跑與自行車三個項目，其中最長的一段路要騎自行車。這項競賽的誕生受到提爾曼（H.W. Tilman）的探險成就所啟發，提爾曼是一名登山家和航海家，生前定居在巴茅斯（Barmouth）。參賽者將從巴茅斯駕駛帆船到威廉堡（Fort William），中途上岸三次則是為了攀登蘇格蘭、英格蘭和威爾斯的最高峰。這項困難的考驗由 4 或 5 人組隊參加，在航行過程中禁止使用馬達，只有在進港時和某些特定地點，基於安全考量可以例外。不過，如果風力不肯配合，參賽者可以划槳，這方面完全沒有限制。整體來說，參賽者必須航行大約 389 海里，跑三段馬拉松。由於每一隊會指定兩名隊員去攀登這三座山，如果你是優秀的跑者，同時具備航海的實力，就可以加入帆船團隊參與這項競賽。

info

類型：帆船、自行車和路跑

距離：帆船 389 海里，自行車 30 英里（48 公里），健行或跑步 59 英里（95 公里）並分別登上蘇格蘭、英格蘭與威爾斯的最高峰

參賽資格：年滿 18 歲

氣溫：要有面對各種天候的心理準備，尤其是低溫

獎牌：有

報名：threepeaksyachtrace.co.uk

實用資訊：你可以在活動網站的留言版上報名組隊並註明你能擔任的角色；網站有提供一份小艇船塢的名單，你可以從這裡租一艘單體帆船。在英國西岸駕駛帆船，有些地點相當危險，所以一定要有豐富的帆船操控經驗。至於路跑的部分，很容易在山區遇到下雪或結冰的狀況

153

154 全地球的人 vs 馬的馬拉松
（The Whole Earth's Man vs Horse Marathon）

地區：英國，蘭伍提德威爾斯（UK,Llandrindod Wells）

時間：6月

這項古怪的比賽於每年6月的第二個星期六在威爾斯舉行，由跑者和馬上的騎士互相競爭。馬和人賽跑，誰會贏？這項比賽的構想來自於1980年代的一間酒吧，老闆戈登葛林偶然聽到兩名客人在討論人和馬在不同的地形中各有哪些優勢。他發現這是提升家鄉能見度的好機會，就決定舉辦比賽來驗證人和馬誰跑得快。每一年人和馬的競爭都很激烈，不過最後的贏家都是馬……幾乎啦！人類總共只贏過兩次，而且是在比賽舉行了25年後才首度獲勝。

你想要以個人或3人組隊的方式參加都行，但是你的體能一定要相當好，因為上下坡的路段非常多（根本就沒有平地！這項比賽的爬升高度1414公尺，下降高度1389公尺）。基於安全考量，跑者比馬提前15分鐘出發，不過這段時間到最後會調整回來。其實人類還是略佔優勢，因為馬在出發前和半路上必須接受獸醫的檢查總共兩次。在比賽過程中會面臨各種狀況，包括你必須在安全的地點閃避讓路給想要超越你的馬；而且你必須跨越各種地形，包括小溪，甚至在最後的366公尺還要渡過一條河。你已經躍躍欲試，覺得自己能勝過馬匹？你可知道從2014年

起，主辦單位已經調整獎金的金額以獎勵第一個贏得這項挑戰的人，而且每年加碼500英鎊，直到終於有人得獎為止。拿得到獎金的話，付完旅費之後還有剩呢！

---

info

類型：越野，會跋涉過小溪、河流

距離：大約35公里（22英里），不過路線每年調整，因為會經過私人的土地

參賽資格：年滿16歲而且體能優異。接受個人或3人組隊報名

氣溫：變化多端，不過英國這個地區的降雨機率很高。反正這項路跑絕對不可能平靜無波

獎牌：有

報名：wholeearthfoods.com/events/man-v-horse

實用資訊：威爾人的熱情待客和沿途的美麗風光會讓你幾乎忘記過程的艱苦。一定要穿適合越野路跑的跑鞋（更明確的說法就是路面泥濘而且石塊很多）

155 巨人競賽（Tor des Geants）

地區：義大利，瓦萊達奧斯塔（Italy, Valle d' Aosta）

時間：9月

「這項競賽首先是一場旅行，藉此發現自我，經歷獨特的過程，認識在路途中遇到的人。有多少次競賽，就有多少參賽者以及熱心關注這項競賽的仰慕者，經歷過這段心路歷程。」主辦單位以這段話來介紹巨人競賽，聽了之後還真的會讓人想參加。

不過想要挑戰巨人，還是要有相當的勇氣和參加超級越野路跑的實力。這項路跑能夠吸引世界級的頂尖好手，理由就是它的挑戰性和困難度。我們就坦白說吧！你必須有點瘋狂，才會想要在幾天之內跑336公里，而且累計爬升高度24公里。幸好可以在基地或山屋裡睡幾個小時，讓你恢復一些體力。所有的跑者都在星期天早晨出發，第一批人在星期三早上完成挑戰，最後一批人卻在星期六傍晚才抵達終點，而且體力耗盡累到虛脫，他們在高海

拔地區受到嚴酷的考驗，大自然是很無情的。在最後一批跑者抵達的第二天將會舉行一場完賽者的遊行，他們能夠像搖滾巨星一般受到喝采，也是理所當然。

---

info

類型：超級越野

距離：336公里（227英里），累計爬升高度24公里

參賽資格：年滿20歲，必須附上有效的醫師證明

氣溫：多變化，不過屬於典型的高山氣候，有可能出太陽、下雨、颱風、下雪、寒冷

獎牌：沒有，不過有一件完賽披風。另外還有很多獎品和一段抵達終點時的影片

報名：tordesgeants.it

實用資訊：參加巨人競賽，登山杖是必要的裝備。在出發前一晚舉行的義大利麵派對可以讓你碳水化合物吃到飽，把在山上需要燃燒的熱量先儲存起來

156 跨越大加納利（Trans Gran Canaria）

地區：西班牙，加納利群島（Spain,Islas Canarias）

時間：3月

從 2003 年以來，這項超級越野路跑不但受到世界頂尖跑者的青睞，也吸引許多超級越野的愛好者和來自二十幾個國家的健行者，他們要挑戰在 30 個小時內以雙腳跨越島上的 125 公里，克服種種考驗，包括超過 8 千公尺的爬升高度！來自魁北克的弗洛洪布岡在 2015 年參加過這項路跑，他喜歡跟世界頂尖的跑者較量，自己也開始在超級越野的領域嶄露頭角。「陡峭的山，大西洋一望無際的視野，涅弗斯山的山頂上美如天堂的落日，特內里費島和火山的地獄景觀，還有努布羅岩石，這塊天然巨岩是大加納利島的地標，在超級越野路跑結束後，回想起這些景觀，我依然會忍不住讚嘆。不過還是有一些美中不足之處：某些路段的標示不夠清楚，食物補給站沒有提供熱飲，抵達終點時也沒有餐點……」

---

info

類型：超級越野

距離：17 或 19 公里家庭路跑、19 公里、31 公里、44 公里、83 公里、125 公里

參賽資格：年滿 18 歲，只有 19 公里家庭路跑是所有的人都可以參加，不過一定要全家人一起跑。參加 83 公里和 125 公里的人必須提供醫師證明

氣溫：19 到 24℃

獎牌：有

報名：transgrancanaria.com

實用資訊：這項路跑是超級越野世界巡迴賽的其中一站，累積的點數可以報名白朗峰超級越野（UTMB）。如果要從美洲前往加納利群島，必須經過長時間飛行和多次轉機，所以最好預留幾天的緩衝時間，才來得及在路跑前恢復體力

157 山的獎賞（Trophee des Montagnes）

地區：法國，阿爾卑斯山區（France,Alpes）

時間：8月

　　每一年都有超過 150 名跑者聚集在法國的阿爾卑斯山區參加「山的獎賞」，這是一項要進行好幾天的牽狗越野路跑，狗和主人必須組成互相合作的團隊。他們每天要在狀況不斷的山區裡跑 4.5 公里到比 10 公里更遠一點的路程，實際的距離則視當天的路線而定。團隊的概念在這裡就顯得很有意義了，因為你們的表現不但要看你的努力，跟在你身旁的狗也得一起努力。山的獎賞是非常耗體力的活動，上下坡的高度落差相當大，在 9 天內總共要跑大約 80 公里。

---

info

類型：牽狗越野路跑

距離：「山的獎賞」的參賽者在 9 天內總共要跑 10 場路跑，每一場的爬升高度從 300 到 600 公尺，距離從 4.5 公里到比 10 公里遠一點。另外有 1 公里和 3 公里的兒童路跑。還有一個項目叫做狗寶寶路跑，距離只有一百多公尺

參賽資格：年滿 16 歲。不過兒童可以參加 1 公里和 3 公里的路跑，或者狗寶寶路跑

氣溫：因為在山區舉行，可能遇到各種極端的狀況，從 3℃ 起霧到 28℃ 出太陽都有可能

獎牌：不是人人有獎，優勝者才可以領獎。不過每個人都可以拿到一件 T 恤

報名：club.quomodo.com/tropheedesmontagnes

實用資訊：參賽者在為期一週的比賽中，最多可以跟兩隻狗一起跑，而且這兩隻狗不能被其他的跑者牽著跑。如果你住在法國以外的地區，最好先查詢家中飼養的動物從外國進入法國境內的相關規定

158 白朗峰超級越野（Ultra Trail du Mont Blanc, UTMB）

地區：法國，霞慕尼（France,Chamonix）

時間：8月

「白朗峰超級越野是一項超越大自然的路跑，在一個無與倫比的地點舉行，把我們逼到極限，又逼我們超越自我，」巴提斯戈登肯定的表示。他來自蒙特婁，參加過 2014 年的路跑。大約 2300 名來自世界各地的跑者，在 8 月底的時候從霞慕尼起跑，他們要挑戰位於法國、義大利和瑞士，以雄偉的氣勢環繞白朗峰的阿爾卑斯山。有幾段路在夜間跑，所以沒有壯麗的風景可以欣賞，不過日出時的畫面會一直刻畫在記憶中。食物補給站除了常見的飲料食物，還會供應乳酪、乾香腸、熱雞湯和麵條。「連續跑超過 30 個鐘頭又缺乏睡眠，可能會讓人產生幻覺。我的狀況是看到米老鼠和希區考克的輪廓，出現在被我的頭燈照亮的石頭上。這是一輩子至少要參加一次的路跑！」

---

info

類型：山區步道和許多的小徑，全部位於海拔 2500 公尺以上

距離：168 公里

參賽資格：符合報名資格所需要的點數至少是 8 點，而且這些點數只能在限定期間內從最多 3 項被認可的越野路跑中累積而來。你必須提供有效的醫師證明，或者在有效期限內的法國田徑協會或法國鐵人三項協會參賽資格

氣溫：要有面對各種狀況的心理準備，因為天氣多變，而且往往讓人覺得不舒服，在高海拔地區可能會有颶風、寒冷、下雨甚至下雪的情形發生

獎牌：沒有獎牌，不過完賽者抵達終點時，可拿到一件在胸口處有「Finisher UTMB」標籤的無袖外套，和一枚標示參賽年份的別針

報名：ultratrailmb.com

實用資訊：你必須接受過非常好的訓練，更重要的是在超過 30 個小時的期間內，除了在食物補給站取用飲水和食物，你要能夠自行解決其它所有的需求。所以你要有適用於不同天氣狀況的裝備。如果你想透過巴提斯戈登多認識白朗峰超級越野，可以去看他在 2015 年由 Libre Expression 出版的《未知領域》（Territoires inconnus）這本書

非洲與中東Africa and Middle East

159 驚人的馬賽馬拉松（Amazing Maasai Marathon）
地區：肯亞，萊基皮亞（Kenya,Laikipia）

時間：7月底、8月初

　　驚人的馬賽馬拉松是四位跑者在2010年發起的活動，他們想藉此募款，幫助馬賽的年輕女孩上中學（在肯亞，只有上小學是免費的）。自從舉辦這項路跑以來，已經募到13萬美金了！跑者也可以參加個人捐款活動，幫助更多女孩接受更好的教育。舉例來說，1600美金就可以支付一個馬賽女孩中學四年的學費和住宿費。如果計算一下，這項路跑至今募到的捐款，已經可以讓超過80個馬賽女孩接受中學教育了。

　　這項路跑很快就受到喜愛旅遊和異國風光的跑者青睞，因為它的路線接近原始的自然景觀，而且是跑在沒有鋪面的泥土路上。經驗豐富的警衛會為你留意動物的動向，駕車的巡邏員會在食物補給站之間提供接送服務，這都是為了滿足跑者的需求。這項路跑在高海拔的地方舉行（1500公尺到2000公尺），你會需要好幾天來適應，不過由於這項路跑和波士頓的馬拉松之旅（Marathon Tours）合作，由他們負責規劃整個旅遊行程，他們會安排你提早5天抵達當地。為了緩和高海拔對於你的身體的影響，他們會建議你大量喝水。

info

類型：沒有鋪面的道路

距離：21公里與42公里

參賽資格：年滿18歲可以參加馬拉松，半程馬拉松沒有年齡限制

氣溫：路跑在肯亞的冬季舉行，白天乾燥炎熱，經常是陽光炙人，所以建議你穿輕薄的衣服。不過還是要準備防風保暖的衣物，因為晚上可能會轉涼

獎牌：有，還有一張參賽證明

報名：marathontours.com

實用資訊：大部分參加這項路跑的人，會利用馬拉松之旅安排的7天套裝行程（日期可延長）去參觀馬賽馬拉國家公園，攀登吉力馬札羅山，或者以健行的方式去盧安達（Rwanda）看大猩猩。跑者的親友也可以預約肯亞的旅遊，不必支付馬拉松的報名費。馬拉松之旅會負責把所有人的捐款交給「驚人的馬賽女孩計畫」（I' Amazing Maasai Girls Projects）。套裝行程的費用包含交通、活動規劃、到達目的地之後的住宿，讓你可以享受在肯亞的旅行，不用擔心行程安排的問題，因為在我們不熟悉的地方，要處理這些事情還挺麻煩的。最好在出發前先確認去肯亞應該注射哪些疫苗，準備哪些醫師處方

160 貝魯特馬拉松女子路跑
（Beirut Marathon Women's Race）
地區：黎巴嫩，貝魯特（Lebanon,Beirut）

時間：5月

這項路跑是貝魯特馬拉松的相關活動，但並非在一年之中的同一時間舉行。舉辦這項路跑是為了彰顯女性，證明女性在黎巴嫩的社會中也有完整的地位。在黎巴嫩，這是獨一無二的高人氣活動，因為只有這項路跑限定女性參加。

info

類型：道路

距離：10公里和10公里接力

參賽資格：女性年滿14歲

氣溫：21到26℃

獎牌：有，因為對主辦單位來說，所有的女性都是贏家

報名：beirutmarathon.org

實用資訊：在11月舉行的貝魯特馬拉松無論男女都可以參加，可是這項10公里路跑只限女性參加

161

161 大五馬拉松（Big Five Marathon）

地區：南非，安塔貝尼保護區（South Africa,Entabeni）

時間：6月

　　在非洲草原上跟大象、犀牛、水牛、獅子或豹一起奔跑，你會有興趣嗎？這是大五馬拉松，非洲最「荒野」的馬拉松，所提供的承諾。既然號稱「大五」，參加這項在自然保護區舉行的路跑，真的可以看到非洲人氣最高的五種動物，觀光客去非洲旅遊時都想拍牠們的照片。為了路跑時的安全，反盜獵警衛保證獅子會待在離跑者夠遠的地方。這樣就比較放心了，因為誰想當叢林之王的午餐？沿途你也可以遇到長頸鹿、斑馬和羚羊……這項馬拉松有幾分印地安納瓊斯電影的夢幻感，說不定可以讓你跑得更快！儘管陽光直射，6月的氣溫大約是15到25℃。為了保障參賽者的安全，必須在限定的時間內跑完全程。

info

類型：非洲叢林裡沒有鋪面的道路

距離：21公里、42公里

參賽資格：年滿18歲

氣溫：15到25℃，乾旱

獎牌：有

報名：big-five-marathon.com

實用資訊：有好幾家旅遊業者，例如馬拉松之旅和信天翁冒險（Albatros Adventure），都有提供住宿小木屋的套裝行程，讓你在草原中央獲得更豐富的體驗。關於簽證與需要施打的疫苗，請直接向旅行社洽詢

161

162
夥伴馬拉松（Comrades Marathon）
地區：南非，誇祖魯納塔爾省（South Africa,KwaZulu-Natal）

時間：5月

　　夥伴馬拉松在 2015 年已經是第 90 屆，它不僅是單純的路跑，在南非這已經是一種生活方式和習俗了。從 1921 年以來，無論社會局勢好或不好，除了在第二次大戰期間停辦過兩次，這項年年舉行的路跑，已經被金氏紀錄列入最古老的超級馬拉松。在 1975 年之前，礙於種族隔離政策和南非體育聯合會的規定，只有白人男性才有資格報名，雖然有些黑人或女性跑者曾經以非正式的身份參加過這項路跑。

　　這項超級馬拉松的路線位於南非東岸誇祖魯納塔爾省的兩個城市之間，每一年從兩個城市輪流出發，距離則有 87 公里和 90 公里的差別。你最慢要在 12 小時跑完全程。

info

類型：道路

距離：87 公里到 90 公里

參賽資格：年滿 20 歲

氣溫：5 到 12℃

獎牌：有，能夠在 12 小時內跑完全程的人都有獎牌。根據你的成績，可以拿到銅牌或銀牌。男子和女子的前 10 名有金牌，還有獎金。40 歲以上的男子前 3 名和女子前 3 名，也可以得到獎金

報名：comrades.com

實用資訊：在 1921 年，有 34 名跑者參加這項路跑，到了 2016 年，開放的參賽名額鎖定在……2 萬人！跑者的衣服上不能出現贊助商的名稱或商標，這項規定會嚴格執行。跟波士頓馬拉松一樣，你必須在被認可的路跑中取得一定的成績，才能報名夥伴馬拉松

163
大衣索比亞路跑（Great Ethiopian Run）
地區：衣索比亞，阿迪斯阿貝巴（Ethiopia,Addis Ababa）

時間：11月

　　這是非洲最大規模的路跑，10 公里的大衣索比亞路跑每年吸引 4 萬人來參加！它的都會路線有些上下坡，而且位於海拔 2400 到 2500 公尺，可能多少會影響你的表現。

info

類型：道路

距離：兒童路跑、10 公里

參賽資格：沒有限制

氣溫：15 到 25℃

獎牌：有

報名：ethiopianrun.org

實用資訊：11 歲以下兒童的路跑會在前一天舉行

164 肯亞野生動物馬拉松（Kenya Wildlife Marathon）

地區：肯亞，泰塔山（Kenya, Taita Hills）

時間：10月

這是 2016 年 10 月才誕生的全新馬拉松，舉行的地點是泰塔山的私人自然保護區，這座保護區位於肯亞的荒野大自然中，群聚著大象、斑馬和小羚羊，還可以遠眺吉力馬札羅山積雪的山頂。肯亞人會參加這項路跑，近距離跟在他們身邊，或許你能因此發現他們跑得這麼快的秘密。

當你在肯亞停留的時候，有機會遇到頂尖跑者跟你分享他的訓練計畫，你願意的話，也可以在馬拉松舉行之前，跟肯亞的跑者一起練習。如果你想跟伴侶或朋友一起到肯亞旅行，要知道這項路跑是包含在為期一週的套裝行程內，其它的活動包括追逐野生動物之旅、參觀當地的村莊。

info

類型：泥土路

距離：5 公里、21 公里、42 公里、50 公里

參賽資格：馬拉松和 50 公里必須年滿 18 歲（除非根據跑者過去的經歷可以得到特別許可），其它項目沒有年齡限制

氣溫：大約 21℃

獎牌：有，由當地人以手工製作

報名：kenyawildlifemarathon.com

實用資訊：你會被安排住在草原中央的豪華生態小屋，在屋內沒有安全顧慮，可以放心觀察或傾聽動物在附近遊蕩。如果你想延後行程或提早抵達，也有好幾項活動可以選擇；例如你可以去看肯亞運動員的住所，或者參觀某個運動員正在興建的房屋，以了解他的日常生活真實狀況。活動的部分收入將挹注肯亞野生動物信託（Kenya Wildlife Trust），這個基金會支持的計畫，例如馬拉獵豹計畫（The Mara Cheetah Project），就是在保護獵豹，因為這種動物受到威脅，數目逐年減少

跑者心路：瘋子的對角

三位越野路跑的愛好者分享他們參加這項賽事的心路歷程。

菲德烈克貝格 原籍法國的安古蘭，目前住在蒙特婁。

他參加過瘋子的對角三次。對於他來說，就像另外兩位跑者，參加這項路跑是一個夢想，第一次參加時，他花了 8 個月的時間作準備！11000 公里的旅程，還差點無法達成目的，因為他把背號遺忘在車子的行李箱裡，而車子卻在留尼旺島的另一頭！幸好他在最後一刻取回背號。「到處在下雨，路面積水成河。觀眾擠在路的兩旁大喊的加油聲，都被這有如末世的滂沱大雨吞沒。起跑的時候，我哭得像個小孩，能夠在這項路跑中跨出腳步，實在太開心了，畢竟我已經夢想了這麼久。最初的 20 分鐘，我必須閃躲水流，每一步都踩在積水 10 公分的柏油路面上。我真的高興得不得了，我又變回那個在無限恐怖的黑夜中奔跑的小孩，想要逃離那些老是在追我的幽靈。」

他在半途中結交了一些朋友，其中有一位來自尼斯的跑者，儘管過程艱辛，還是跟他一起抵達終點。到了第 121 公里，他就知道他們可以一起撐下去。最後的 20 公里耗盡他所有的體力，「我的膝蓋快要燒起來，很明顯的痛，不過還可以忍耐……抵達體育場時，我的內心深受感動。當時是半夜一點，還有幾百個人為我加油，喊著我的名字——寫在背號上。我抵達終點時的成績還蠻差的，花了49 小時 54 分 16 秒。瘋子的對角，差不多是從德拉蒙市跑到魁北克，但是中間隔著一座埃佛勒斯峰。」

弗洛洪布岡 原籍留尼旺島，目前住在魁北克。

瘋子的對角，在弗洛洪布岡籌備了四年的計畫中，算是最後砌上的一塊磚。他想跟他的好朋友傑夫戈斯朗一起通過這項考驗。傑夫是他在 2014 年 9 月參加哈利卡納超級越野路跑時認識的跑步夥伴。弗洛洪描述 2015 年他終於等到這一刻時的心情，「我們很快就出發了，而且受到熱情觀眾的喝采，放煙火、喧嘩、敲打、瘋狂……該有的都有了。跑了大約 3 個小時之後，我們就知道不可能有很好的排名了，於是目標從追求好成績變成兩個人共同完成這項冒險。我們為友誼而跑，我將和傑夫一起經歷這段過程。夜晚很精彩，我們在食物補給站不趕時間，還跟

志工聊天，品嘗不同口味的美食：番茄燉香腸和浸在細麵湯裡的塗奶油麵包片是我們的最愛。我們在許多美麗的景點前同聲讚嘆；家人和朋友的鼓勵讓我們由衷感激；我們還沖了澡，在舒服的行軍床上休息過 2 次。」兩個人一起跑這麼困難的路跑，分擔彼此的壓力和喜悅，可以更認識對方，也更了解自己。

「這項路跑促使我在 4 年之間不斷的進步。我周圍的人和朋友都一起幫助我達成目標。我跑過了，我經歷了每一個階段，使我能夠在 2015 年 10 月 24 日當天，看到稜堡體育場出現在我的眼前。我在生命中的這段期間認識一位很了不起的人，傑夫戈斯朗，他是我最好的朋友，我跟他一起經歷了瘋子的對角，從起點到終點。」

傑夫戈斯朗　魁北克居民。

「參加 2014 年的哈利卡納超級越野路跑時，我對弗洛洪許下一個承諾：陪他參加瘋子的對角，幫助他完成他的夢想。弗洛洪是個有遠大計畫的人，心胸很開闊。我很樂意投入這項計畫，不過坦白說，我根本不知這項計畫的難度有多高。我們在星期四晚上大約 10 點出發，因為弗洛洪的成績好，我們被安排在第一隊，很快就可以出發。現場洋溢的活力簡直令人傻眼，氣氛亢奮得不得了！將近半夜一點，在一座牧場裡，我想看清在哪裡落腳時，眼睛被樹枝擊中，力道強得令我當場躺下，手腳縮成一團，頭被撞擊得昏昏沉沉。出發才不過 3 個小時，我就差點弄瞎一隻眼睛！弗洛洪跟我，我們通過一個又一個補給站，該吃東西的時候都有吃，可是狡猾的疲倦逐漸發威，我的身體繼續前進，精神卻越來越渙散。」

「但是這項路跑非常需要技巧，你的注意力只要鬆懈個兩秒，就可能會發生危險！在雙腳疼痛、敏感部位磨破發炎、天氣熱到沒地方躲的情況下，我試著根據身體當下的需求來吃東西和補充水分。幸運的是一路上都有志工為我們加油打氣，魁北克人在留尼旺島的名聲還不錯，我們就一直拿這件事來開玩笑！」

info
弗洛洪布岡和傑夫戈斯朗以 34 小時 34 分 57 秒的成績跑完瘋子的對角。你可以在《偉大的越野》（Grand Trail）這本精彩的書裡看到弗洛洪、傑夫和菲德烈克更多的冒險經歷。在這本由艾利克貝格和菲德烈克貝格合著的關於越野路跑的書中，收錄了許多精彩的照片與故事。更詳細的資料可參閱 grandtrail.info。

165 瘋子的對角（La Diagonale des Fous）

地區：法國，留尼旺島（France,La Reunion Island）

時間：10月

參加留尼旺的越野拉力賽「瘋子的對角」，是許多超級越野跑者心中的執念。按照這條距離 164 公里爬升高度 9917 公尺的路線，你將從留尼旺島的一側斜跨到另一側。由於顧慮到路況的安全性，它的路線每年都會微幅調整。你必須有一點瘋狂，才會投入這項獨特的冒險。這樣的體驗將會永遠刻在你的心裡，而且一定會有許多精彩的故事可以讓你拿出來講！

info

類型：超級越野

距離：164 公里

參賽資格：年滿 18 歲。這項路跑只限受過專業訓練而且體能優異的人參加

氣溫：經常出現溫差很大的情形，可能從夜晚的 2℃ 變成白天的 40℃

獎牌：有

報名：grandraid-reunion.com

166 模里西斯馬拉松（Mauritius Marathon）

地區：模里西斯共和國，模里西斯島（Mauritius,Mauritius Island）

時間：7月

這是印度洋群島最盛大的一項馬拉松，它的路線會經過好幾處聯合國教科文組織認定的世界文化遺產。主辦單位希望你在這座天堂般的島上享受到一段難忘的經歷，他們的種種安排就是要讓你帶著美好的回憶離去。馬拉松的路線會經過島上最美的海岸公路，出發點和終點都位於聖菲利斯海灘。你沿著島的西岸跑，可以看到莫納山和珊瑚礁的美景，盡情欣賞印度洋清澈的海水、沙灘、島上的甘蔗園和美麗的村莊，當地的居民也會熱情的為你加油。當你抵達聖菲利斯海灘，在印度洋溫暖的海水中戲水就是最大的獎賞，你可以趁機放鬆肌肉，這正是你需要的。主辦單位也有提供食物、飲料，甚至按摩的服務。每一年都會有一位路跑界的名人加入參賽者的名單。例如 2012 年，全世界最老的馬拉松跑者佛哲辛，以 101 歲的高齡，在這項路跑中跑了 10 公里！

---

info

類型：道路

距離：10 公里、21 公里、42 公里

參賽資格：年滿 12 歲可參加 10 公里，年滿 15 歲可參加 21 公里，年滿 18 歲可參加 42 公里馬拉松

氣溫：此時是模里西斯的冬天，所以沒那麼潮濕，清晨的氣溫大約 18℃，下午的氣溫大約是 22 到 24℃

獎牌：有

報名：mauritiusmarathon.com

實用資訊：路跑的前一天有說明會和義大利麵派對，跑者住宿的度假村還供應一頓晚餐。有些旅遊行程可以讓你對當地居民多一些了解，甚至有機會跟海豚一起游泳

167 沙漠馬拉松（Marathon des Sables）

地區：摩洛哥，撒哈拉沙漠（Morocco, Sahara Desert）

時間：4月

沙漠馬拉松是世界上歷史最久的自備飲食越野路跑。這項看似自由的路跑在摩洛哥廣闊的撒哈拉沙漠舉行，路線分成6段，全長250公里，其中有一段路要連跑兩天。所有的參賽者都要自備飲食，而且必須把食物和其它的必需品揹在自己身上。從1986年以來，已經有超過1萬3千人參加這項路跑，最年輕的跑者16歲，最年長的79歲。將近九成的參賽者是跑步和走路交替，因為這項馬拉松可不像在公園散步那麼輕鬆。

這項路跑是派屈克鮑爾發起的，他在1984年以完全自助的方式跨越350公里的撒哈拉沙漠，身上揹著35公斤重的背包，裡面裝有飲水和食物。他的長征促成了這項馬拉松的誕生。大部份的參賽者是為了某個人道的理念而跑，而且會為他們所支持的協會作宣傳。

在這項路跑中有一些震撼人心的時刻，例如穿越一大片在當地稱為 Erg 的沙丘，登上一座山的山頂，只為了目睹另一側的沙漠峽谷。不過最令人難忘的很可能是跑者之間的互助精神。來自魁北克省胡日蒙的米榭周杜安，在2009年和2010年參加過這項路跑，「主辦單位一直很注意我們的安全，因為實不相瞞：路途遙遠，而且沙漠無情。每天早上出發之前，我們的背包都要檢查一遍，確定已攜帶足夠的食物和飲水，可以應付當天的路程所需。以我個人來說，我把參加這項馬拉松當成一種追尋，因為這是面對自我的絕佳機會。當路跑結束後，為了獎賞我們的努力，在戶外的星空下安排了一場管弦樂團的演出。沙漠路跑的這幾天，就在如此神奇的時刻畫下句點。」

---

info

類型：分成6段的沙漠路跑，為期7天，其中一段要連續跑兩天

距離：250公里

參賽資格：年滿16歲。大約兩年前就要開始預約報名

氣溫：夜晚10℃，白天超過30到35℃。也有可能非常潮濕

獎牌：完賽的人有獎牌，還有一件T恤和一張證書

報名：marathondessables.com

實用資訊：參加這項路跑累積的點數4點可以去報名白朗峰超級越野（UTMB）。為了保障跑者的安全，主辦單位為了1300名參賽者安排了大約75名醫師、兩架直升機和一批運輸車輛

168

吉力馬札羅馬拉松（Kilimanjaro Marathon）

地區：坦尚尼亞，莫西（Tanzania,Moshi）

時間：2月底、3月初

雖然名稱中有吉力馬札羅，其實這項馬拉松沒有登上這座山的山頂。它的路線會經過莫西，而這個城鎮是吉力馬札羅山登山步道的起點。第一段路相當平坦，不過接下來就一路上坡直到姆維卡。雄偉的吉力馬札羅山是非洲的最高峰，高度5895公尺，從遠處眺望，景觀真是無以倫比！從第32公里開始下坡，最後回到終點莫西體育場，在這裡你將受到英雄式的歡迎，由當地的管弦樂團奏樂，還有居民為你喝采。結束了辛苦的路跑，終於有時間享用一杯美味的吉力馬扎羅啤酒──或者兩杯，還可以跟坦尚尼亞人交個朋友，這裡的人非常好客熱情。

info

類型：有鋪面的道路和泥土地面

距離：5公里、10公里輪椅路跑、21公里、42公里

參賽資格：5公里沒有限制，可是如果沒有成人陪同，要年滿10歲才能參加；年滿18歲可參加21公里，年滿21歲可參加42公里

氣溫：17到31℃

獎牌：有，跑完42公里的前300名、21公里的前2800名和10公里的前80名有獎牌和T恤；跑完5公里沒有獎牌，可是前2000名有一件T恤。每個項目前10名的男子、女子、輪椅、手動自行車或三輪車參賽者可得到獎金

報名：kilimanjaromarathon.com

實用資訊：憑這項馬拉松的成績可以去報名南非的夥伴馬拉松。半程馬拉松的路線跟全馬的路線後半段相同

169 塞內加爾羚羊路跑（Senegazelle）

地區：塞內加爾，西摩（Senegal,Simal）

時間：一年四次（日期不同）

這是 100% 限女性參加的助人路跑，它的路線位於達卡西南方 200 公里的薩魯姆河沿岸，總共分成 5 段，跑者抵達每一段的終點之後就會分發文具用品。每一天，參加這項活動的五十幾位跑者按照自己的步調，在非洲草原或非洲叢林裡跑 10 到 12 公里，沿途也有食物補給站。抵達目的地之後，她們會親自把文具用品送到孩子們的手上。事實上，在離開自己的國家之前，每個人都要準備 25 公斤的文具用品，贈送給非洲的學童。在這裡不需要中介者，因為人道援助就是從我的手上交到你的手上！「這是非常特別的人道之旅，實際接觸兒童、教師和當地居民，令人感觸良多，有時還會遇到很混亂或者意想不到的情況，」來自聖隆貝的卡琳沙隆如此表示。她曾經遇到兩位媽媽想要把剛出生的兩個嬰兒送給她，希望她能夠把孩子帶回她的國家，也曾經遇到 4 個人跟她求婚。

根據團隊出發的日期，在活動期間，跑者會被安排住在傳統小屋或者小旅館裡。這項活動每年舉行 4 次，流程安排得很有效率也很安全。主辦單位會以推車、馬匹或卡車將食物運送到沿途的補給站，可是跑者必須自己攜帶水袋或水壺，因為氣溫可能高達 25 到 30℃。

info

類型：非洲草原或叢林的泥土路面，助人

距離：分成 5 段，每天跑 10 到 12 公里

參賽資格：報名的女性必須自己攜帶 25 公斤的全新文具用品，分送給塞內加爾的學童

氣溫：25 到 30℃

獎牌：沒有，不過有一個烏木雕刻的獎座

報名：senegazelle.fr

實用資訊：必須按照塞內加爾的規定施打疫苗

170

170 維多利亞瀑布馬拉松（Victoria Falls Marathon）
地區：辛巴威，維多利亞瀑布（Zimbabwe,Victoria Falls）

時間：7月

　　這項馬拉松的第一段路就會經過維多利亞瀑布大橋。參加這項路跑可以順道探訪辛巴威，欣賞壯觀的維多利亞瀑布，這是地球上最大的瀑布之一，被列入世界七大奇景。這裡是自拍的絕佳地點！

info

類型：道路，有些路段是紅土路面

距離：7.5 公里、21 公里、42 公里

參賽資格：年滿 10 歲可參加 7.5 公里（年紀更小的孩子就要有大人陪同），年滿 18 歲可參加 21 公里，年滿 21 歲可參加 42 公里

氣溫：7 到 26℃

獎牌：除了 7.5 公里，其它的項目都有獎牌

報名：vicfallsmarathon.com

實用資訊：這一區很值得旅遊，旅遊業者狂野邊境（Wild Frontiers）有提供包括追逐野生動物、在船屋住宿的套裝行程

亞洲與大洋洲 Asia and Oceania

171 吳哥窟半程馬拉松與全程馬拉松（Angkor Empire Half and Full Marathon）
地區：柬埔寨，吳哥窟（Cambodia, Angkor Wat）

時間：8月

　　跑馬拉松同時可以欣賞古蹟。「吳哥」這個詞的意思是首都，鼎鼎大名的吳哥窟是聯合國教科文組織認定的世界文化遺產，也是東南亞最重要的考古遺址，此地的多重寺廟是全世界規模最大的宗教性紀念建築。

info
類型：道路

距離：3 公里家庭路跑、10 公里、21 公里、42 公里

參賽資格：3 公里沒有限制，其它的項目年滿 16 歲就可以參加

氣溫：25 到 32℃，8 月正逢梅雨季，可能會下一點雨

獎牌：有，優勝者還有獎金

報名：angkorempiremarathon.org

實用資訊：3 公里路跑不計時。購買路跑之後的晚餐餐券，可以享用自助餐，並欣賞柬埔寨傳統舞蹈的表演

172 庫克山馬拉松（Aoraki Mount Cook Marathon）
地區：紐西蘭，庫克山國家公園（南島）（New Zealand, Mount Cook National Park）

時間：10月

　　這項馬拉松在庫克山國家公園內舉行，這座國家公園位於紐西蘭中部的南島，是全國最高峰的所在地。馬拉松的路線會經過全世界視野最美的公路之一。國家公園內有將近 40% 的面積是冰川、積雪的山峰或者藍綠色的冰川湖，如此的美景怎能不令人讚嘆！在路跑前一天或者跑完的當天晚上，你可以找個時間去觀星，因為這座國家公園也是國際暗天協會（International Dark-Sky Association）最大的國際暗天保護區。

info
類型：道路

距離：5 公里、10 公里、21 公里、42 公里。

參賽資格：5 公里和 10 公里沒有限制，年滿 16 歲可參加 21 公里，年滿 18 歲可參加 42 公里

氣溫：10 到 24℃

獎牌：有

報名：activeqt.co.nz

實用資訊：南半球的季節跟北美和歐洲相反

173 澳洲內陸馬拉松（Australian Outback Marathon）

地區：澳洲，艾爾斯岩（北領地）（Australia, Ayers Rock）

時間：7月

　　歡迎光臨位於澳洲內陸的艾爾斯岩。我們幾乎在所有的澳洲旅遊廣告中都看得到這片巨大的紅色岩石，它或許是這個國家最具象徵性的地點。跑在國家公園裡，你會看到「烏魯魯」或者「加他茱達」之類特殊的地標，以及其它狀似圓頂的岩石散布在沙漠的土地上。

　　有一件事很有趣：這項路跑自 2010 年開始舉辦，6 年以來只有兩名參賽者因為受傷無法跑完全程。主辦單位非常歡迎你來參加，無論你的成績是第一名或者 301 名。

info

類型：泥土路

距離：6 公里、11 公里、21 公里、42 公里。

參賽資格：6 公里和 11 公里沒有限制，但未滿 15 歲必須有家長許可而且全程有家長陪同；12 歲以上可報名 21 公里，但未滿 15 歲必須有醫師證明，而且有一名成人陪同；年滿 18 可參加馬拉松

氣溫：平均 20 到 25℃，可是入夜之後可能降到 10℃

獎牌：有

報名：australianoutbackmarathon.com

實用資訊：旅遊業者旅遊健身（Traveling Fit）推出的套裝行程除了參加路跑，還包括住宿。路跑的背號無法單獨購買，除非你是艾爾斯岩當地的居民。參賽者可以選擇從 3 星級到 5 星級的住宿地點

174 不丹國際馬拉松與半程馬拉松（Bhutan International Marathon and Half Marathon）

地區：不丹（Bhutan）

時間：3月

在這個國家，國王以「國民幸福總值」作為施政的依據！位於喜瑪拉雅山深山裡的不丹，或許是全世界最神秘也最不容易到達的國家之一。它是個佛教國家，不是你想去就能去的。

不丹國際馬拉松與半程馬拉松的規模不大，很有人情味，也符合當地居民的形象。儘管如此，你還是可以遇到來自二十幾個國家的跑者。你來這裡的目的是跑馬拉松，其實你所經歷的是令你永遠難忘的人性與文化之旅。當你離開這個國家時，臉上會帶著微笑，同時知道這項馬拉松的收入會100%捐給不丹青年奧林匹克運動計畫（Bhutan's Youth and Olympic Sports Programs），這個組織協助不丹的年輕人從事競賽等級的運動，因為當地的人相信透過健康和運動才能得到幸福。

info

類型：道路，有不同的路面

距離：21公里、42公里

參賽資格：年滿18歲

氣溫：10到22℃

獎牌：有，還有一件特別的禮物和一件印著馬拉松識別標誌的T恤。優勝者有獎金

報名：bhutaninternationalmarathon.com

實用資訊：你必須透過不丹政府許可的旅行社申請簽證，才能前往這個國家旅遊。這項馬拉松不提供水杯，你必須自備杯子。食物補給站提供飲水、香蕉、茶和氣泡飲料。主辦單位建議你攜帶衛生紙，以備不時之需。沿途沒有交通管制，不過大部分的路段位於鄉下地方，車輛不多

175 朝鮮日報春川馬拉松
（Chosun Ilbo Chuncheon Marathon）

地區：南韓，春川（Korea,Chuncheon）

時間：10月

　　朝鮮日報春川馬拉松每年秋季在南韓舉行。當初為了向柏林奧運的馬拉松冠軍，一位名叫孫基禎的韓國選手致敬，而於1946年創立的這項馬拉松，如今每年吸引超過2萬5千人來參加。色彩最繽紛的秋季，在南韓江原道的首府春川參加路跑，此時此地的自然美景將令你陶醉。

info

類型：道路

距離：10公里、42.2公里

參賽資格：年滿18歲可參加馬拉松，10公里路跑沒有最低年齡限制

氣溫：大約12℃

獎牌：有，還有一張參賽證明。不同項目的優勝者可獲頒獎金和獎座

報名：marathon.chosun.com

實用資訊：建議參賽者搭乘大眾運輸工具（火車或公車），因為馬拉松的出發點附近停車位有限。路跑時你可以喝自己準備的飲料，不過容器上要清楚標示你的姓名與背號。比賽進行時你的飲料可以擺在食物補給站的桌子上，只要你來得及把飲料拿到主辦單位指示的地點

176 彩色路跑
（Color Run）

地區：世界各地

時間：日期不一定

　　參加地球上最好玩、最有趣的路跑，好像回到了童年。這有點類似印度的色彩節（Holi），參加活動的人要跑步或健走5公里，沿途經過的好幾個地點，會有人將各種顏色的無毒粉末噴灑在空中，所以到達終點時，你的身上也沾滿了五顏六色。通常在終點線後方，還有音樂和舞蹈等慶祝活動。

　　家庭中所有的成員都可以參加，這項活動也很受年輕人的歡迎。至於穿著，建議你穿白色的T恤，沾上色彩的效果最好；其實，最好不要穿你很珍惜的衣服，因為之後就算清洗過可能也無法恢復原狀。還有一點，要記得戴太陽眼鏡，以免粉末噴到眼睛。

info

類型：道路，趣味

距離：5公里

參賽資格：沒有限制

氣溫：根據舉行路跑的地點，天氣各不相同

獎牌：沒有，路跑不計時

報名：thecolorrun.com 以及 thecolorrun.com/night/events

實用資訊：彩色路跑在世界各地舉行，最近彩色夜跑的概念也開始在美國出現

177 南靖土樓國際馬拉松（Great Hakka Marathon）

地區：中國，福建（China,Fujian）

時間：11月

　　由長城國際馬拉松的主辦者所規劃的南靖土樓國際馬拉松，在中國的福建舉行，當地有超過 2 萬間以泥土和石塊為建材的傳統客家土樓，其中的 46 間已被聯合國教科文組織列入世界文化遺產。參加這項活動，跑在石板路和步道上，還可以欣賞古蹟。它的路線會經過福建風景秀麗的鄉間，沿途的景觀包括稻田、茶園、像塔下村這樣的農村、橫跨河岸的 13 座石橋以及美麗的山丘，你甚至有可能遇到水牛！在主辦單位的用心安排下，你在運動的同時還能夠接觸到當地的文化、建築、自然景觀以及居民。

---

info

類型：道路與步道

距離：趣味路跑 8.5 公里、21.1 公里、42.2 公里

參賽資格：沒有限制

氣溫：涼爽乾燥，通常不會下雨

獎牌：有，還有一張參賽證明和一件小小的活動紀念品

報名：great-hakka-marathon.com（英文）、tulou-marathon.com（簡體中文）

實用資訊：報名的時候就會替你安排住宿以及從廈門前往的交通。也有為加油的觀眾準備的套裝行程，所以你可以邀請親友一起來參加。台灣人前往中國，需出示有效台胞證。由於路跑的地點位於貧窮的鄉間，所以報名費的部分收入將會捐給當地的一間小學

178　大洋路馬拉松（Great Ocean Road Marathon）

地區：澳洲，大洋路（維多利亞省）(Australia,The Great Ocean Road,Victoria)

時間：5月

　　你喜歡海景嗎？大洋路馬拉松是澳洲風景最美的路跑之一，它的路線位於維多利亞省，沿途可以看到視野絕佳的澳洲海岸、茂密的森林和雄偉的山。這項為期兩天的活動可以滿足各種程度的參加者，不只是馬拉松的跑者。

info

類型：道路

距離：1.5 公里、6 公里、14 公里、23 公里、44 公里

參賽資格：未滿 13 歲可參加 1.5 公里；14公里沒有年齡限制，可是未滿 13 歲的跑者必須有成年人全程陪同；年滿 16 歲可參加 23公里，年滿 18 歲可參加 44 公里

氣溫：10 到 15℃

獎牌：有

報名：greatoceanroadmarathon.com.au

實用資訊：可以推著娃娃車跑，不過必須從最後一隊出發

179　清邁馬拉松（Chiang Mai Marathon）

地區：泰國，清邁（Thailand,Chiang Mai）

時間：12月

　　想要讓一年有個美好的結束，可以去參加泰國北部的清邁馬拉松，這項活動的口號是「微笑 @ 清邁」。來自希庫帝米（Chicoutimi）的馬克高提耶，在 2014年 12 月跑過半程馬拉松，「由於這項路跑的出發時間非常早，馬拉松 4 點出發，半程馬拉松 5 點出發，你都已經跑了一半的路程，才開始看到生意人準備迎接第一批客人，或者人們坐下來喝杯茶、吃一碗飯。」馬克特別喜歡位於老城區的終點，不過他提醒大家在路上要特別小心，因為車輛很多，有的路線標示不太清楚，「而且經常看到卡車、汽車或摩托車硬生生阻斷跑者的隊伍！」

info

類型：道路，沿途平坦

距離：兒童微笑路跑 3 公里、迷你馬拉松 10公里、21 公里、42 公里

參賽資格：3 公里路跑沒有限制，年滿 15 歲可參加 10 公里，年滿 18 歲可參加 21 公里和42 公里

氣溫：12 到 18℃

獎牌：有

報名：chiangmaimarathon.com

實用資訊：抵達終點時，如果看到主辦單位提供的不是賽後常見的健康食物，而是麥當勞或者類似的泰國速食，不用太過驚訝。馬克在2014 年 12 月參加時就遇到這種情形

180 加德滿都馬拉松
（Kathmandu Marathon）

地區：尼泊爾，加德滿都
（Nepal,Kathmandu）

時間：9月

　　加德滿都國際馬拉松或許是唯一在尼泊爾的城市裡，而不是在周圍的山區舉行的馬拉松。對於每一年成千上萬來參加的學生來說，這是一項真正的路跑盛會。

---

info

類型：道路，路面多變化

距離：輪椅 3 公里、5 公里、學生 5 公里、21 公里、42 公里

參賽資格：參加輪椅路跑必須年滿 12 歲，參加學生 5 公里同樣要滿 12 歲；其它項目必須年滿 18 歲

氣溫：23 到 26℃

獎牌：有，跑完馬拉松的人有獎牌和證書。至於其它的項目，參賽者都可以拿到證書，但只有各個項目的優勝者才有獎牌

報名：prosports.com.np

實用資訊：即時更新的訊息會公布在加德滿都馬拉松的臉書專頁上

181 黃崖關長城馬拉松（Great Wall Marathon）

地區：中國，天津（China,Tianjin）

時間：5月

光用想的就令人腳軟：5164 階！這麼陡的上坡下坡，加上大約 30℃ 的高溫……跑這項馬拉松，同時回顧長城 2200 年的歷史，並且跟來自 60 個國家的幾千名跑者共享這難忘的一刻。有一點可以確定：大部分的跑者來到這裡並不是為了打破馬拉松的記錄，而是想要一個體驗。所以大家都說這項馬拉松的社交性更重於競爭性。而且經常可以看到跑者停下腳步，沿路拍照，跟當地的居民互動。沒錯，這是一項路跑，可是對許多人來說，這也是一種好玩的觀光方式。如果你跑得完這項馬拉松，以後要挑戰蒙特婁皇家山或者巴黎蒙馬特的階梯，對你來說簡直是易如反掌。

info

類型：有階梯、步道和鄉間道路等多種路面

距離：馬拉松 42.2 公里，半程馬拉松 21.1 公里，趣味路跑 8.5 公里

參賽資格：年滿 18 歲可參加馬拉松，年滿 16 歲可參加半程馬拉松。參加趣味路跑必須年滿 12 歲，不然就要有一名成年人陪同

氣溫：炎熱潮濕，氣溫可高達 30℃

獎牌：有

報名：great-wall-marathon.com

實用資訊：這項馬拉松由信天翁冒險（Albatros Adventure）主辦，這家旅遊業者在世界上許多地區舉辦過類似的活動。除非你是中國的居民，若想參加這項路跑，必須向該公司或者合作的業者購買至少 6 天的套裝行程

182

182 雪梨馬拉松
（Sydney Marathon）

地區：澳洲，雪梨
（Australia,Sydney）

時間：9月

　　來自蒙特婁的提波菲利斯，在 2011 年跑過雪梨馬拉松，「穿越有名的港灣大橋，探訪市區和海德公園，沿著海邊跑，最後抵達雪梨歌劇院前方的終點，在所有的明信片上都看得到這座建築，真的很宏偉。這項路跑安排得很好，只有一個小缺點：食物補給站不夠，況且天氣很熱！」

info
類型：道路
距離：3.5 公里、9 公里、21 公里、42 公里
參賽資格：3.5 公里和 9 公里沒有年齡限制，年滿 16 歲可參加 21 公里，年滿 18 歲可參加 42 公里。如果你未滿 18 歲想參加半程馬拉松，必須有家長的同意書
氣溫：12 到 20℃，不過有可能更熱
獎牌：有，而且會在獎牌上紀念一位澳洲的傳奇運動員
報名：sydneyrunningfestival.com.cu
實用資訊：這項路跑是 2000 年夏季雪梨奧運唯一留下來的活動

183 東京馬拉松
（Tokyo Marathon）

地區：日本，東京
（Japan,Tokyo）

時間：2月

　　東京馬拉松是全世界最重要的馬拉松之一。要取得這項路跑的背號相當不容易，因為太搶手了，主辦單位釋出的名額，將由 10 倍的人透過抽籤來爭取。它的路線安排得很巧妙，可以同時展現東京的現代與過去的風貌，引導你欣賞這座城市某些象徵性的地點，包括東京都廳舍、皇居、東京塔以及全世界最大的魚市築地市場！

info
類型：道路
距離：10 公里、42 公里
參賽資格：16 到 18 歲可參加 10 公里，而且必須能夠在 1.5 小時內跑完全程；年滿 19 歲可參加馬拉松。歡迎身障人士參加。報名之後還要抽籤，抽中的人才能參加
氣溫：4 到 9℃
獎牌：有
報名：marathon.tokyo
實用資訊：10 公里的名額最多 500 人，馬拉松最多 36500 人。為了避免冒犯任何人，服裝的規定相當嚴格，對於瓶裝水也有一些限制，所以前往現場之前必須詳閱跑者須知，確定沒有違反這項路跑的相關規定

184 拉達克馬拉松（Ladakh Marathon）

地區：印度，列城（India,Leh）

時間：9月

列城是印度拉達克省的首府，在絲路的時期已經是一個很繁榮的城鎮。如今，健行的愛好者喜歡在此相約，再去探訪附近的高山。每年一到九月，就會有跑者聚集在這個地方，準備參加全世界海拔最高的馬拉松（儘管埃佛勒斯馬拉松也是這樣宣稱……）。7 公里和 21 公里行經的路線主要在利城；42.2 公里的平均海拔高度 3505 公尺，它的路線比較原始，跑者會經過河谷、印度河、大麥田、甚至十四世達賴喇嘛的夏季住所。適合更大膽的人去體驗的 71.1 公里卡敦拉挑戰，從海拔 3975 公尺的起點出發後就一路上坡，直到路程一半的卡敦拉，海拔 5370 公尺！在這裡喘口氣，欣賞過高處的景觀之後，跑者就要開始下山了，沿途可能會在牧場裡遇到放牧的牛。

Info

類型：主要是有鋪面的道路，也有一些泥土路

距離：7公里、21公里、42公里、卡敦拉挑戰 71.1公里

參賽資格：年滿12歲可參加7公里，年滿16歲可參加21公里，年滿20歲可參加42公里。所有的參賽者都必須簽一份風險自負切結書，未滿18歲的人必須提供一份有家長或監護人簽名的同意書

氣溫：清晨大約-10℃，中午的平均溫度10℃

獎牌：有，還有一張參賽證明

報名：ladakhmarathon.com

實用資訊：這項路跑在很高的山上舉行，當地的氧氣比較稀薄。所以建議跑者提前十幾天抵達列城，適應當地的環境，減少高山症發作的機會。你可以利用準備參加路跑的這段期間，到附近旅遊。在iTunes上有免費的拉達克馬拉松應用程式可供下載

185 提哈特艾瓦挑戰賽（Te Houtaewa Challenge）

地區：紐西蘭，北島（New Zealand,North Island）

時間：3月

這項路跑要重現毛利人提哈特艾瓦的傳奇。提哈特艾瓦是他那個年代跑得最快的人，他為了尋找番薯，曾經在沙灘上跑了 95 英里（145 公里），還繞一大段路去偷敵對部落提拉拉瓦的番薯。這項路跑在紐西蘭的北島舉行，它的路線會讓人聯想到魚的尾巴。

---

info

類型：沙灘硬地

距離：為生命而走 6 公里、21 公里、42 公里、63 公里個人或接力

參賽資格：沒有限制

氣溫：大約 19℃

獎牌：有，參加 63 公里的人還可以獲得一個毛利人的傳統籃子

報名：tehoutaewa.co.nz

實用資訊：在 2016 年，為了慶祝這項活動滿 25 週年，跑者應邀參加一項儀式，並獲得「媲美提哈特艾瓦傳奇的戰士跑者」的頭銜

186

186 丹增希拉里埃佛勒斯馬拉松
（Tenzing Hillary Everest Marathon）

地區：尼泊爾（Nepal）

時間：5月

埃佛勒斯峰的馬拉松有兩項：第一項是英國人主辦的，從 1985 年起每兩年舉行一次；另一項是一家尼泊爾業者從 2003 年起在埃佛勒斯峰舉辦的丹增希拉里埃佛勒斯馬拉松，如此命名是為了向丹增諾蓋與艾德蒙希拉里在 1953 年 5 月 29 日的壯舉致敬，這兩位登山家是第一批登上「世界屋頂」的人。

這項馬拉松的路線借道雪巴人前往羅布崎、菲瑞許、汀巴許、天巴許、康永、康達，以及有名的南許巴薩的路徑，爬升高度 2777 公尺，下降高度 4579 公尺。來自聖厄斯塔什的基布里葉，在 2013 年參加過這項馬拉松，以慶祝自己的 50 歲生日，「你從海拔 5362 公尺埃佛勒斯峰基地營出發，最後抵達的終點是高度下降 2 千公尺的南許巴薩。沿途你會穿梭在蘭

花園與杜鵑林之間，跨過幾條小溪，穿越一些吊橋，還可以欣賞地球上最值得攝影的壯麗風景。這場冒險並不是在抵達終點時就結束，因為幾天之後，所有的跑者都會聚集在加德滿都參加一場盛大的慶祝活動，大家一起玩樂、吃吃喝喝、互相交換聯絡方式。以這種方式結束這場不平凡的路跑，真是再好也不過了。

---

info

類型：高山，超級越野

距離：21 公里、42.2 公里、超級馬拉松 62 公里

參賽資格：沒有限制，不過未滿 18 歲必須有家長簽名的同意書。只有一般道路馬拉松的經驗是不夠的，一定要有山區路跑的經驗

氣溫：清晨 5 到 10℃，晚一點可能會升到 20℃。沿途可能會遇到下雪的情形

獎牌：有，還有參賽證明

報名：everestmarathon.com

實用資訊：由於這項馬拉松在高山舉行，主辦單位要求參賽者提早大約 3 個星期抵達尼泊爾以便適應高度，還可以順便在當地旅遊和健行，即使馬拉松的路線主要是下坡。歡迎同伴隨行，他們也可以在當地健行

187 最強泥人（Tough Mudder）

地區：大洋洲、北美洲、歐洲（Oceania,North America,Europe）

時間：日期不一定

最強泥人是團隊參加的障礙賽，可以測試你的體能與意志力。距離 18 到 20 公里，不計時，但是你必須跟團隊裡的每一位成員密切合作，才能克服不同的挑戰；在這裡，最強調的就是團隊精神和互助合作。紐約時報曾經說，參加這項活動比較重要的是將來有故事可以講，而不是第一個抵達終點，說得一點也沒錯！主辦單位最得意的是他們的關卡，因為他們花了非常多的時間來設計調整。聽到這些關卡的名稱，例如倉鼠輪、火輪、誕生運河，你就知道會有一點辛苦，但是你並不孤單，因為其他的隊員會在旁邊支援你、鼓勵你。

---

info

類型：障礙賽

距離：介於 18 到 20 公里

參賽資格：每隊的人數沒有限制，不過每一名成員至少要年滿 16 歲

氣溫：根據主辦的地點，天氣各不相同

獎牌：沒有，不過會有一條頭巾帶，一杯冰啤酒和一件完賽 T 恤

報名：toughmudder.com

實用資訊：你可以為某個慈善組織而跑；最強泥人從第一屆舉辦以來，已經捐贈了幾百萬美元，其中有 25 萬美元捐給加拿大的「傷殘戰士」（Wounded Warriors），這個組織援助的對象是退伍軍人以及他們的家屬

188

維納斯路跑（Venus Run）

地區：新加坡（Singapore）

時間：3月

這項路跑在每年的 3 月 8 日舉行以慶祝婦女節。主辦單位希望藉此鼓勵女性從事運動，因為即使她們的生活忙碌，還是應該經常運動。

Info

類型：道路，女性

距離：5 公里

參賽資格：年滿 7 歲的女性

氣溫：24 到 31℃

獎牌：有，還有一張參賽證明。也會頒發獎金給優勝者

報名：venusrun.sg

實用資訊：每個組別的優勝者還可以得到一雙 R2 壓縮小腿套

189 Vibram香港100公里越野賽（Vibram Hong Kong 100）

地區：中國，香港（China,Hong Kong）

時間：1月

香港是個令人興奮的城市，一天24小時都有目不暇給的活動。閃耀的霓虹燈、繁忙的交通與街頭擁擠的人潮，有時候甚至會令人感到麻木。大部份的觀光客不知道的是，香港也有珍貴的自然資源，可以滿足戶外活動以及路跑的愛好者。

Vibram 香港 100 公里越野賽是超級越野世界巡迴賽的其中一站，它帶領你探訪香港風景最美的一些地點，包括原始的沙灘、古老的森林、步道和天然的盆地，還有陡峭的山坡。這條路線以香港有名的步道麥理浩徑[註]為主幹，再繞道一些其它地方，讓你大部份的時間都有比較好的視野。為了讓你的路跑結束得漂亮，最後一段路是從香港的最高峰大帽山一路往下。主辦單位還為了童軍團志工或者視障選手設置了好幾處食物補給站。

這項路跑吸引世界各地頂尖的超級越野跑者。這是亞洲最盛大的越野路跑活動，可吸引一百多個國家的人來參加，優勝者同樣來自世界各地。

爽，平均 14 到 18℃，非常的適合路跑與觀光旅遊

獎牌：在 16 小時內跑完全程的人可以得到金牌，在 20 小時內跑完可以得到銀牌，在 24 小時內跑完可以得到銅牌。其他人只要跑完全程就有參加獎牌。所有的人都可以拿到一件連帽的紀念毛衣

報名：hk100-ultra.com

實用資訊：這項路跑累積的點數可以報名白朗峰超級越野（UTMB）。2016 年那一次，氣溫有時候降到 0℃ 以下，所以要有所準備

---

info

類型：越野，超級越野

距離：100 公里

參賽資格：年滿 18 歲

氣溫：1 月是香港最冷的月份，氣候通常很乾

●註：麥理浩徑（MacLehose Trail）是香港最早啟用的一條長途遠足徑，於1979年10月26日啟用，以當時任香港總督麥理浩命名，並且由其本人主持剪綵開幕。

190

越南山區馬拉松（Vietnam Mountain Marathon）
地區：越南，沙壩（Viet Nam,SaPa）

時間：9月

　　位於越南北部的沙壩地區，最有名的景觀是階梯式的稻田、高山以及穿著非常鮮豔的山區苗族人。此地也是登山健行的熱門地點，每年都湧入大批的觀光客。當你抵達終點後，可以按照傳統，跟「我總算跑完了越南山區馬拉松！」（I survived Vietnam Mountain Marathon!）的海報拍一張合照。這項活動由旅遊業者主辦，你可以選擇只報名路跑，或者參加 3 到 4 天的套裝行程，內容包括住宿在海拔 1000 公尺幽靜的托帕斯生態旅館（Topas Ecolodge）、交通接送、用餐、路跑時供應的簡餐、一些參觀行程以及其它的活動。

info

類型：越野

距離：10 公里、21 公里、42 公里、70 公里

參賽資格：年滿 18 歲可參加 21 公里、42 公里和 70 公里，更年輕的人可參加 10 公里

氣溫：大約 18℃，天氣經常是多雲有雨

獎牌：有

報名：vietnammountainmarathon.com

實用資訊：主辦單位會要求某些安全裝備，前往沙壩之前要先確定裝備齊全。從河內搭乘巴士前往沙壩，估計需要 12 小時

191 雲南普者黑國際馬拉松
（Yunnan Puzhehei International Marathon）

地區：中國，雲南（China,Yunnan）

時間：10月

　　這項路跑以雲南的峽谷、湖泊和高山，以及石灰岩構成的大片奇石為背景。雲南是中國比較不受汙染的地區之一，所以跑起來相當舒服。5 公里的路線幾乎是平的，其它的距離就要爬坡，爬升高度可達 1520 公尺。

info
類型：路面多變化，包含有鋪面的道路、泥土路、石子路和階梯

距離：5 公里、10 公里、21 公里、42 公里

參賽資格：年滿 8 歲可參加 5 公里和 10 公里，年滿 14 歲可參加 21 公里，年滿 18 歲可參加 42 公里

氣溫：溫帶氣候，四季如春

獎牌：有

報名：yunnanmarathon.com

實用資訊：你的背號有一角是兌換券，可以在終點換一杯啤酒。所有的參賽者都會拿到一本內容詳盡的跑者須知，內容包括如何準備路跑，應該攜帶的物品，以及活動的時刻表。

●亞洲區賽事補充：

NO.9螢光夜跑也有在亞洲區的「新加坡」舉行，時間為10月，詳細介紹請參閱P24。新加坡報名網址：blacklightrun.sg

育空與南北極地區
Yukon and south/North Pole

192　6633超級馬拉松（6633 Ultra）

地區：加拿大，育空（CA, Yukon）

時間：3月

　　這或許是地球上難度最高、最寒冷、風力最強的極限超級馬拉松。你可以預期的「正常」溫度介於 -36 到 -38℃，有些地點的風速可達 110 公里/小時。在它的路線上甚有一段被稱為「颶風路徑」，真的是名符其實，因為你可能需要匍匐前進，才不會在颶風時被風吹跑！這項路跑從育空的鷹平原出發，終點位於北冰洋邊的圖克托亞圖克（Tuktoyaktuk）。

　　這是為了不畏艱難的勇者所舉辦的超級馬拉松，採取完全自助的形式，跑者必須拖著有輪子的托車，在雪地或冰原上跑 93 公里或 563 公里，因此更增加路跑的困難度。自從 2003 年首次舉辦至今，只有 11 位跑者順利完成最長的挑戰。這項超級馬拉松的參賽者，必須把所有的東西帶在身邊，包括你的食物、烹飪用具、衣服、帳篷和睡袋。事實上，食物補給站只提供熱水，讓你有個地方可以烹飪與休息，而且數目不怎麼多，相隔的距離從 37 公里到 113 公里不等。每年有十幾位跑者報名這項活動，而且有趣的是，女性表現得比男人好，因為女人更尊敬大自然和它的環境，男人卻傾向於挑戰它們。

Info

類型：超級馬拉松，極限冬季路跑

距離：120 英里（193 公里）或 350 英里（563 公里）

參賽資格：沒有限制，但是報名的人都要經過主辦單位同意才能參加

氣溫：酷寒的冬季低溫，而且風很強

獎牌：沒有，不過有一座滑石雕刻的因努伊特石堆雕像以及一件路跑的外套

報名：6633ultra.com

實用資訊：超過 90% 的參賽者會為了參加這項路跑而自備拖車，其實只要事先通知主辦單位，也可以在當地租到拖車

193

南極冰原馬拉松（Antarctic Ice Marathon）

地區：南極，尤尼昂冰川（South pole,Union Glacier）

時間：11月

每一年都會有 60 幾名跑者從智利的蓬塔阿雷納斯搭乘飛機前往尤尼昂冰川，準備在第二天參加位於全世界最南方的馬拉松。而且我們要知道，這裡的南方指的並不是加勒比海，而是南極！即使這項馬拉松在夏季舉行，還是有可能面臨難以預料的酷寒冬季氣候，不過你可以安慰自己，至少日夜都有陽光照耀。

來自胡日蒙（Rougemont）的米榭周杜安是極限路跑的高手，他在 2012 年參加過這項路跑，「這片白色的沙漠和荒涼的高山是全然陌生的景象。我們也覺得自己非常幸運，能夠見識到地球上這個無人居住的地帶。賽程安排得非常好，我們

在那幾天過著團體生活，基地營的氣氛好得令人難以置信。後來我也很喜歡跟極地馬拉松的夥伴們見面。整體來說，我們大概在當地停留了三天，不過由於天氣非常不穩定，主辦單位無法保證路跑哪一天能夠出發，也不能確定返回智利的日期。所以我們的時間和回程機票必須安排得相當有彈性……」

---

info

類型： 在雪地冰面上，極限冬季路跑

距離： 冰凍大陸半程馬拉松 21 公里、南極冰原馬拉松 42 公里

參賽資格： 年滿 18 歲

氣溫： 平均 -10 到 -20℃，也有可能更冷得多。由於正值夏季，天色 總是亮的

獎牌： 有

報名： icemarathon.com

實用資訊： 所有的跑者都必須在出發前先買好緊急撤離南極的保險。為了保護南極脆弱的生態，避免受到外界的汙染，必須採取某些預防措施：出發前先把鞋帶洗乾淨；檢查你的行李，預防沾上任何泥土或可能的汙染，諸如此類。在停留期間所產生的垃圾都必須帶離南極，連用過的水也不例外。這項路跑可以讓你加入令人羨慕的七大洲馬拉松俱樂部[註]（Seven Continents Marathon Club），全世界大約只有 115 名會員。想要成為會員，必須在每一洲至少跑過一次馬拉松，包括南極和北極

●註：七大洲馬拉松俱樂部已經放寬入會限制，一般人也可以申請加入。根據該網站在2016年底公布的數字，目前完成七大洲馬拉松壯舉的跑者有560人。此外，所謂的七大洲是指北美洲、南美洲、歐洲、亞洲、非洲、大洋洲、南極。

194 午夜陽光馬拉松
（Midnight Sun Marathon）

地區：挪威，特羅姆瑟（Norway, Tromso）

時間：6月

不是所有的跑者都喜歡大清早出門跑步，所以會有午夜陽光馬拉松這樣的活動。這項路跑號稱是「地球上最北方」的馬拉松（得到國際馬拉松與長跑協會證實）。由於它的地位特殊，因此吸引來自世界各地的跑者。這項馬拉松從晚上開始起跑，大部分的人可以在半夜時跑完全程。話是這麼說，由於正逢一年之中的永晝時期，你抵達終點時，天色還是亮的！

info

類型：道路以及不同的路面

距離：兒童路跑1公里、迷你馬拉松4.2公里、10公里、21公里、42公里

參賽資格：兒童路跑與迷你馬拉松僅限18歲以下；年滿12歲可參加10公里，年滿16歲可參加21公里，年滿18歲可參加42公里

氣溫：6到12℃

獎牌：有，優勝者還有獎金

報名：msm.no

實用資訊：主辦單位會在路跑的週末舉行多項活動，其中包括傳統的義大利麵晚餐

195 極地之夜半程馬拉松
（Polar Night Half Marathon）

地區：挪威，特羅姆瑟（Norway, Tromso）

時間：1月

你願意為了看北極光而跑上好幾公里嗎？在特羅姆瑟舉行的極地之夜半程馬拉松可以讓你實現這個夢想，只要你做好在冬季的路況下跑步的準備。這是挪威規模最大的冬季路跑，能夠吸引超過35個國家將近1200名跑者來參加。路面通常非常滑，所以規定要穿釘鞋。

info

類型：冬季路跑

距離：5公里、10公里、21公里

參賽資格：5公里沒有限制，年滿12歲可參加10公里，年滿16歲可參加21公里

氣溫：大約 -5℃

獎牌：有，優勝者還有獎金

報名：msm.no

實用資訊：你可以在特羅姆瑟買到釘鞋。5公里路跑不計時

195

各種主題的路跑

Chapter 2

非參加不可的路跑

有些馬拉松的傳奇色彩令人嚮往。例如雅典馬拉松，它是一切的起源；或者波士頓馬拉松，你的成績要達到某個標準，才能夠在每年的四月跟另外 3 萬人共同參與這項盛會。這些路跑的共同點就是能夠吸引速度最快的跑者以及為數眾多的加油觀眾，而且跑者往往需要抽籤才能拿到背號。在大部分的情況下，不一定要跑得像羚羊或者肯亞人那麼快才能報名，只要你真的很想親身經歷一次比自然更偉大的馬拉松，參與路跑界真正的盛會，總是有機會的啦！

以下列舉的十幾項馬拉松，包括最有名的六大馬拉松（worldmarathonmajor. com），勢必會激起你參與大型運動賽事的興奮狂熱，幾萬名跑者的能量加持也會簇擁著你抵達終點……當然你自己還是要努力啦！

本書馬拉松編號

NO.43	美國／波士頓馬拉松
NO.45	美國／芝加哥馬拉松
NO.50	美國／紐約馬拉松
NO.51	美國／費城馬拉松
NO.54	加拿大／蒙特婁綠洲搖滾馬拉松
NO.125	希臘／雅典馬拉松
NO.126	德國／柏林馬拉松
NO.130	英國／倫敦馬拉松
NO.133	瑞典／斯德哥爾摩馬拉松
NO.148	法國／施耐德電機巴黎馬拉松
NO.149	荷蘭／TCS 阿姆斯特丹馬拉松
NO.183	日本／東京馬拉松

130

為了世界之美而跑

當我們決定為了跑步而旅行，或者為了旅行而跑步，我們選擇地點的標準往往是景色宜人或者洋溢著異國風情。有些景觀對於我們來說具有無比的吸引力，無論是因為它過往承載的歷史，它的精神層面，或者它能喚起我們身處異地的感受。以下列舉一些令人嚮往的路跑，有的特別具有異國情調，不過每一項都有令人陶醉的魅力。

本書馬拉松編號

挑戰極限的路跑

有些路跑會把人類的體能和意志力逼到極限。有些考驗的嚴酷，讓我們無法即興扮演超級英雄，一定要有所準備，才能面對這麼多的恐懼和挑戰，並且在漫長的時刻或天數中，應付身心的不適和極端的處境。以下列舉的路跑，被很多跑者公認是全世界最困難的挑戰。

94

值得特地前往的路跑

在世界各地所舉辦的幾萬場路跑活動之中，有些是以氣氛愉悅、景色優美、歷史或文化吸引力、甚至獨具創意而特別受歡迎。例如「環繞港灣路跑」，這項創始於 1894 年的 30 公里路跑以「北美洲最古老」作為號召；「小岩城馬拉松」則是最能夠滿足獎牌追逐者的慾望，畢竟完賽獎牌巨大的程度，可能會讓你多付行李超重的費用！至於其它的類型，例如在美國肯塔基州的牧場之間穿梭的「跑過青草地」半程馬拉松，它不只是一場鄉村路跑，在路跑的週末還可以品嘗波本威士忌和小啤酒廠的自釀啤酒、享用美味的大餐、參觀當地的馬廄，從這些活動中得到各種新鮮的感官體驗。此外，影片《奔騰人生》中那匹明星賽馬「秘書」，就是來自這個地區。

本書馬拉松編號

NO.3	加拿大／環繞港灣路跑
NO.6	美國／海灣碎浪路跑
NO.7	美國／大索爾國際馬拉松
NO.42	加拿大／班夫馬拉松
NO.47	美國／小岩城馬拉松
NO.49	美國／米蘇拉馬拉松
NO.53	加拿大／渥太華馬拉松
NO.55	加拿大／勒維魁北克SSQ馬拉松
NO.60	加拿大／尼加拉瓜瀑布馬拉松
NO.67	美國／跑過青草地
NO.97	古巴／哈瓦那馬拉松
NO.99	牙買加／雷鬼馬拉松、半程馬拉松與10公里路跑
NO.103	英國／海灘頭馬拉松
NO.119	法國／巴黎凡爾賽盛大經典路跑
NO.128	法國／聖米歇爾山海灣馬拉松
NO.134	義大利／威尼斯馬拉松
NO.135	奧地利／維也納馬拉松
NO.163	衣索比亞／大衣索比亞路跑
NO.168	坦尚尼亞／吉力馬札羅馬拉松
NO.174	不丹國際馬拉松與半程馬拉松
NO.175	南韓／朝鮮日報春川馬拉松
NO.177	中國／南靖土樓國際馬拉松
NO.191	中國／雲南普者黑國際馬拉松

女孩們的路跑

有越來越多的路跑瞄準女性族群。這種路跑經常吸引剛開始練習跑步的女性，她們覺得身旁都是女的，跑起來比較不尷尬，不過當然也有各種程度的跑者，就是喜歡跟一群女性一起跑。沒錯，這種路跑往往讓人覺得粉紅色、蓬蓬裙和皇冠過量，不過樂趣是不會少的，而且贈品和獎牌的素質頗高。當我們注意到這種路跑在女性之間如此受歡迎，深深覺得這項趨勢不僅值得鼓勵，更令人感到慶幸。我們不由得想起卡琳尚潘在魁北克成立的「母親守護者」，這個社團的目標是透過運動讓女性遠離憂鬱，在 2015 年秋天，它的成員已經超過 2 萬 7 千人。這就是跑步可以改變人生的證據！

39

夜間路跑

如果你比較喜歡在夜晚跑步，你應該知道這世界上也存在著許多夜間路跑活動，就跟白天的路跑一樣有創意。夜間路跑的優點是，即使中午艷陽高照，太陽下山之後天氣就會轉涼，跑起來比較舒服，也不必擔心中暑。雖然夜間路跑比較有節慶氣氛，吸引的通常是更年輕的跑者，他們來參加路跑只是為了好玩，這種活動當然還是歡迎任何想要經歷這種體驗的人。發光棒、霓虹燈和螢光被用來營造氣氛，這種路跑到終點之後往往會變成一場節慶，還有樂團在現場演出。在距離方面，夜間路跑通常不會跑那麼遠，不過仍然有一些是半程馬拉松。

本書馬拉松編號

NO.9	美國／螢光夜跑
NO.22	加拿大／皮耶拉瓦大挑戰夜間路跑
NO.23	加拿大／蒙特婁夜間路跑
NO.32	世界各地／電光夜跑
NO.39	美國／拉斯維加斯搖滾馬拉松與半程馬拉松
NO.104	西班牙／畢爾包夜間馬拉松
NO.195	挪威／極地之夜半程馬拉松

開發你的
印地安納瓊斯
或美國女大兵潛力

近年來障礙路跑真的很受歡迎。這種介於越野路跑和新兵訓練營之間的活動，有各種不同的形式與困難度。它們通常以團隊為單位，互助合作則是這種體驗的核心要素。如果你喜歡接受挑戰、爬樹、超越體能極限，這種障礙路跑就很適合你。有的活動只限女性參加，有的在冬季舉行，或者會要求你接受某種軍事訓練，總之，很好玩也很辛苦，而且回家以後需要使用大量的洗衣劑，因為幾乎所有的障礙路跑都少不了泥巴這一關！

本書馬拉松編號

NO.29	美國／髒女孩泥漿路跑
NO.58	加拿大／泥巴英雄
NO.64	加拿大／極地英雄路跑
NO.68	美國／砂礦挑戰
NO.69	世界各地／斯巴達障礙路跑
NO.89	美國、加拿大／百戰鐵人王路跑
NO.92	尼加拉瓜／水深火熱耐力路跑
NO.120	法國／一群傻瓜
NO.123	英國／倫敦河鼠路跑
NO.141	英國／男人的健康適者生存路跑
NO.151	英國／皇家大英軍團主要系列賽
NO.187	世界各地／最強泥人

153

不尋常的路跑

　　這世界上有多少種跑者，就有多少種路跑。不過某些路跑真的很有創意，與眾不同。應該說那些主辦者的想像力太豐富，而且不會一本正經死板板，所以他們推出的活動，為那些追求新鮮感受和體驗的參加者帶來很大的樂趣。例如「自摩西之後」邀請你趁退潮的時候跑在芬迪灣的海灘上，這是很奇妙的體驗，因為路面會冒泡泡還一直陷下去；「跟火車賽跑」的參賽者必須跑得比泰利倫鐵道的火車更快，這是人類與機器的競爭，而且每年都有一些人跑贏火車，不過當然是需要竭盡全力啦……你總是幻想自己變成相撲力士？那麼倫敦的相撲路跑很適合你，跟萊卡運動衫說莎喲娜拉，穿上充氣的相撲服

吧！保證你會笑到東倒西歪。總之，如果你對跑步的看法是體驗至上，成績次要，去參加這種路跑，保證有很多難忘的回憶可以跟朋友分享。

本書馬拉松編號

NO.13	美國／燃燒人超級馬拉松
NO.14	加拿大滾乳酪節
NO.27	美國／魔鬼追趕6.66英里
NO.61	加拿大／自摩西之後
NO.63	加拿大／珀斯世界紀錄蘇格蘭裙路跑
NO.107	德國、奧地利／紅牛400
NO.144	芬蘭裸體路跑
NO.145	英國／跟火車賽跑
NO.152	英國／相撲路跑
NO.153	英國／三峰帆船競賽
NO.154	英國／全地球的人vs馬的馬拉松

152

0℃ 以下的路跑……
因為生活不能只侷限於跑步機

如果你居住的國家，在一年之中總有好幾個月被冰雪覆蓋，你可以選擇整個冬天都躲在室內踩跑步機──但是很快就會覺得無聊，也可以讓自己穿得很暖，再出門去迎接冰雪的挑戰。冬季的跑者有點像是勇往直前的維京勇士，即使遇到暴風雪也不怕。你可以藉由參加冬季路跑來馴服這個寒冷的季節，有一群志同道合的人會跟你一起跑，他們寧可享受戶外也不願意悶在健身房裡。冬季路跑的跑者往往把自己包裹得像個忍者，所以連你那穿著好幾層衣服的好朋友，你可能都認不出來。冬季路跑的優勢就是當春天來臨時，你已經提早為夏季的重要路跑作準備了。參加下列的路跑，你將會遇到其他跟你一樣不畏寒冬的維京勇士。

本書馬拉松編號

NO.26	加拿大、美國／低溫半程馬拉松
NO.40	加拿大／美食路跑
NO.64	加拿大／極地英雄路跑
NO.102	俄羅斯／貝加爾湖冰上馬拉松
NO.193	南極冰原馬拉松
NO.195	挪威／極地之夜半程馬拉松

26

扮裝路跑

扮裝路跑有一種節慶的意味,我們至少可以這麼說。一頂可笑的帽子、一件蓬蓬裙、一頂彩色的假髮,或者一套更講究的服裝,參加路跑的時候,你就是靠這些行頭來融入氣氛,製造歡樂。如果在路上看到星星仙女或者穿緊身衣的蝙蝠俠,你是不可能保持嚴肅的。有些路跑要求參賽者一定要扮裝,甚至在報名費中就包含置裝費,例如「大猩猩路跑」,只見幾千名跑者身穿大猩猩裝,聲勢浩大地穿越倫敦最有名的市區,真是一場奇觀!迪士尼的各項路跑也鼓勵參賽者扮裝,例如「公主路跑」,你這輩子一定從來沒看過這麼多的蓬蓬裙和皇冠!連灰姑娘也得努力爭取表現,因為當天在奇幻王國有非常多的競爭者要吸引王子的注意。來自泰勒博恩的西薇格尼耶是那種幾乎參加任何路跑都要扮裝的人,連障礙路跑也不例外。每一場路跑都是她跟別人較量服裝創意的好機會,而且她每一次都可以在主辦單位公布的活動照片上露臉。這倒是個讓人無法忽視的好辦法!

本書馬拉松編號

NO.11	美國/新娘路跑
NO.33	美國/艾維斯5公里/10公里短跑
NO.85	美國/迪士尼馬拉松週末
NO.90	美國/威斯康辛乳酪馬拉松
NO.106	瑞士/耶誕午夜路跑
NO.115	英國/伊卡諾羅賓漢馬拉松與半程馬拉松
NO.143	愛爾蘭/乳牛馬拉松
NO.150	英國/大猩猩路跑
NO.152	英國/相撲路跑

森林中的跑者

越野路跑，就是和大自然合而為一。現代人的生活步調快，不必驚訝這種路跑的愛好者逐年增加，越來越多的跑者捨棄柏油路專攻山林小徑。這一類的路跑，無論路面、地形或者天氣都變化多端，因此需要快速與持續的適應能力，你必須隨時能夠應變。而且你要學習調節你的體力，尤其在上坡和長距離的路段（例如參加超級越野路跑，動不動就超過 24 小時）。有些經驗豐富的跑者，例如來自紐西蘭的安娜佛斯特，會把這些路線上的每一塊岩石、每一條岔路都摸得一清二楚。無論你是精英或者新手，越野路跑會使我們的腎上腺素提高，自認為是森林中的跑者。以下列舉的路跑有各種不同的難度，其中某些帶有傳奇性，能夠吸引世界各地的頂尖高手，也有一些適合剛入門的新手。有的越野路跑甚至要進行好幾天，每天都要跑一定的距離，夜晚時所有的跑者就睡在基地營的帳篷裡，第二天再出發去探索這個區域，一公里又一公里地跑在連現成的步道也沒有的野外。

為某個理由而跑

為自己而跑，當然很好，可是趁此機會為某個理由募款，豈不是更好！世界上有許多路跑活動會捐出部分收入給慈善組織或者作為科學研究，其中有些更以募款為主要目的。例如蒙特婁的「豐業銀行慈善挑戰賽」，每年春天都會募款幫助參賽者自行指定的五十幾個組織。在英國這邊，有跑者化身為羅賓漢，從比較富有的人身上「合法取得」金錢來捐給慈善組織。如果你想要經歷全球同步的體驗，「Wings for Life 全球路跑」會捐出 100% 的報名費作為脊髓損傷的研作經費；在 2015 年，這項活動讓世界各地 35 個城市的男性與女性跑者同時起跑，無論每個城市當時的時刻是幾點鐘。如果你所在的城市沒有舉行這項活動，你甚至可以透過「自拍路跑」的方式來共襄盛舉。也有一些人道救援的路跑，例如塞內加爾羚羊路跑，跑者要自己攜帶文具用品，分送給沿途拜訪的塞內加爾的學校。

本書馬拉松編號

NO.5	加拿大／豐業銀行蒙特婁21公里路跑以及5公里路跑
NO.20	加拿大／CIBC抗乳癌路跑
NO.38	美國／耶誕鈴聲為類風濕關節炎而跑或健走
NO.88	世界各地／Wings for Life全球路跑
NO.115	英國／伊卡諾羅賓漢馬拉松與半程馬拉松
NO.152	英國／相撲路跑
NO.169	塞內加爾羚羊路跑

跑在水岸邊

跑在海邊或者看得到水面的馬拉松和路跑，向來深受跑者的歡迎，或許是因為這讓他們覺得自己正在度假？欣賞湛藍的水面，起伏的波浪和遙遠的地平線，的確會給人一種安心又放鬆的感覺。有些在遙遠的地球彼方舉行的路跑，以異國情調的景觀、沙灘和熱帶氣候，令我們悠然神往。輕拂的海風令人陶醉，你何不追隨跑者的浪潮，讓這股浪潮帶領你超越自我！

本書馬拉松編號

NO.7	美國／大索爾國際馬拉松
NO.18	美國／卡特琳娜島馬拉松與卡特琳娜島生態馬拉松
NO.41	加拿大／瑪德蓮路跑
NO.44	美國／鱈魚角馬拉松
NO.57	美國／茂宜島海濱馬拉松
NO.73	美國／衝浪聖女5公里／10公里與10英里海灘路跑
NO.99	牙買加／雷鬼馬拉松、半程馬拉松與10公里路跑
NO.128	法國／聖米歇爾山海灣馬拉松
NO.142	英國／Microgaming曼島馬拉松與半程馬拉松
NO.146	荷蘭／Saucony埃赫蒙德半程馬拉松
NO.166	模里西斯共和國／模里西斯馬拉松
NO.178	澳洲／大洋路馬拉松
NO.182	澳洲／雪梨馬拉松
NO.185	紐西蘭／提哈特艾瓦挑戰賽

166

跟狗一起跑

你的狗一跑起來總是勇往直前，或者你喜歡早上帶著狗出門慢跑？那麼你可知道，有些路跑正是特地為了你和你的狗所舉辦的，例如牽狗越野路跑。參加這種越野路跑，主人和狗合為一體，以一條繫狗繩彼此連結，狗在前面帶頭，主人被拖在後面跟隨。任何種類的狗幾乎都可以參加牽狗越野路跑，不過某些品種的狗特別適合，例如獵犬或哈士奇犬，如果你的狗是西施犬，可能就比較沒有力氣拖著你了。這種路跑多半在春天或秋天舉行，這種氣候對狗來說比較涼爽。很多國家都有牽狗越野路跑，包括法國和加拿大。不過，帶狗出國旅行之前，為了避免惱人的意外，最好先弄清楚入境的規定。因為在某些情況下，你不僅在抵達之前要先為狗施打疫苗，你的狗還可能被檢疫留置好幾天，甚至好幾週。除了牽狗越野路跑，有些為保護動物組織或動物收容所募款的慈善路跑，也歡迎你帶著狗一起來參加。

本書馬拉松編號

NO.16	加拿大／布羅蒙天狼星牽狗越野路跑
NO.17	加拿大／富布哈克牽狗越野路跑
NO.28	美國／髒狗15公里越野路跑
NO.34	美國／毛皮5公里趣味路跑與健走
NO.157	法國／山的獎賞

融入節日的氣氛

　　隨著耶誕節的來臨，有許多跑者願意付出關懷，讓其他人能夠歡度佳節。舉辦耶誕老公公、耶誕老婆婆和耶誕小精靈路跑大多數是為了募款，使弱勢的家庭也能有尊嚴的慶祝耶誕節。所以不用驚訝，當你看到幾百名跑者穿著耶誕老人的衣服，他們一定是在參加某一項耶誕路跑。

　　在年初舉行的則是「下定決心」的路跑，鼓勵我們把年假時堆積上身的多餘熱量燒掉，讓這一年有個好的開始。其中比較有名的，例如加拿大和美國的運動用品專賣店 Running Room 所舉辦的路跑活動，只要去報名就可以得到一件免費的防風外套。

本書馬拉松編號

NO.38	美國／耶誕鈴聲為類風濕關節炎而跑或健走
NO.106	瑞士／耶誕午夜路跑
NO.108	英國／耶誕布丁10公里路跑
NO.110	法國／耶誕喧囂

110

一邊玩一邊跑

跑步是一種樂趣，若參加某些趣味路跑，樂趣還可能增加十倍。這種路跑的目的不在於打破時間紀錄，而是跟其他的跑者同樂。例如「百戰鐵人王路跑」，跑者必須完成這個熱門電視節目所設下的每一項挑戰，爬過巨大無比的充氣障礙物。壯觀的跌落場面是免不了的，笑聲和腎上腺素激增也可以預期。「5公里泡沫節」結合三項必勝的元素：扮裝、泥漿和最後的泡沫浴，簡直就像在重演洗衣機運轉的過程！參加這種路跑，保持嚴肅是不可能的。至於在情人節舉行的內衣路跑，沿途的觀眾想必是大飽眼福，看得眉開眼笑；由於情人節的期間天氣通常相當冷，為了讓身體熱起來，我敢打賭你會跑得比平常更快……

本書馬拉松編號

NO.1	加拿大／5公里泡沫節
NO.10	美國／頭腦結凍5公里路跑
NO.11	美國／新娘路跑
NO.24	美國、澳洲／邱比特內衣路跑
NO.89	美國、加拿大／百戰鐵人王路跑
NO.150	英國／大猩猩路跑
NO.152	英國／相撲路跑

都會中的越野啟蒙

越野路跑越來越受歡迎了，這種活動通常在鄉間或者遠離一般道路的地點舉行。可是如果你沒有交通工具或者居住在市中心，想要練習越野路跑該從何下手？如何將你對泥巴的喜愛與城市中的步道結合在一起？其實這是辦得到的，如今有很多地方會舉行都會越野路跑。在城市裡，你可以透過這種方式來感受大自然的喜悅。以下列舉的路跑很適合作為越野路跑的入門選擇。

登山路跑

參加山區路跑或者天空跑的跑者，往往需要面對驚人的爬升高度以及難度非常高的挑戰。有些路跑在某些時刻甚至必須以攀登的方式前進。跑者的處境通常很艱難，因為大部分的路跑舉行的地點連現成的步道也沒有，非常偏僻。所以你在接受挑戰時，必須能夠一定程度地自給自足，因為不是每個地方都能設置食物補給站。

155

巧克力路跑

　　嗜巧克力成癮的人，怎麼能夠抗拒一抵達終點就可以狂嗑巧克力的路跑？運動之外還有獎勵，讓你的大腦分泌雙倍的腦內啡，天底下真的有這麼好的事。《阿甘正傳》裡的阿甘說，人生就像一盒巧克力，我們永遠不知道會吃到什麼口味；對於跑者來說，他們知道參加這種路跑會跑得很開心，而且跑完之後可以享受至高無上的喜悅：吃到各式各樣的巧克力。人生至此夫復何求！何況其中有些路跑，光為了它的獎牌就值得來參加，例如在北美洲好幾個城市舉辦的「熱巧克力 15 公里與5 公里路跑」，獎牌就很漂亮。

本書馬拉松編號

NO.21	美國／可可女子半程馬拉松
NO.37	美國／熱巧克力15公里與5公里路跑
NO.70	加拿大／巧克力路跑
NO.105	義大利／巧克力馬拉松

139

醇酒與
美食路跑

　　跑者往往是注重生活享受，喜歡美食的人。有些人跑步甚至是為了燒掉夠多的熱量，才能放心的大吃大喝。美食路跑的主辦者很了解這種心情，因此在世界各地都有一些結合運動與吃喝玩樂的活動，其中最有名而且最誇張的毫無疑問是「梅多克馬拉松」，一邊跑還可以一邊吃鵝肝醬、喝葡萄酒。在魁北克，美食路跑也引起一股熱潮，其中有些主題是為了促銷地方上的特產。原先只在蒙泰雷吉周邊的城鎮舉辦，自從找到合作對象之後，魁北克的其它地區也開始出現美食路跑了。這種路跑的主題包括蘋果、冰酒、楓糖、葡萄酒、啤酒和其它的農產品。你想要找樂子？那麼你可以去報名「加拿大滾乳酪

36

節」，參賽者必須設法攔截一個重約 5 公斤的圓餅乳酪，而這個大乳酪正以全速滾下山坡。優勝者除了把乳酪帶回家，還可以拿到兩張加拿大西部知名的惠斯勒滑雪站的季票。

　　另外，某些路跑可以盡情喝酒，這也非常受歡迎。我們就實話實說，抵達終點之後，喝一杯啤酒或葡萄酒，對跑者來說往往是最好的獎勵，何況在比賽前的幾個星期，有許多跑馬拉松的人會完全禁酒。有些主辦單位善於利用跑者注重生活享受的特質，甚至以此作為活動的主要賣點。有的路跑甚至把這種觀念推展到極致，在半路上就端出含酒精的飲料。上路前要不要先喝一點酒？

為了獎牌而跑

這是個公開的秘密：所有的跑者都喜歡完賽獎牌。有些人以 Bling 來稱呼漂亮的獎牌，這種東西很受歡迎而且值得收藏。人們會驕傲地把獎牌掛在牆上，經常回味那些美好的時刻，以及在跑者生涯中跑過的道路。有些路跑之所以獨特，必須歸功於它送給跑者的獎牌或者贈品太有創意。我們甚至可以說，這些獎牌鼓勵那些足跡遍及全球的跑者展開旅行，他們會毫不遲疑地奔向幾百公里、甚至幾千公里以外的地方，只為了拿到最漂亮的獎牌。由於這種東西在商店裡買不到，獎牌的價值，還有得到獎牌的喜悅，就是來自於你必須跑過才拿得到。而且，有些特殊的獎牌是用來獎勵特別的挑戰，例如在兩天之內或一年內參加兩場路跑，迪士尼的「兩岸挑戰」就是這種情形。為了得到這面特殊的獎牌，你必須跑過迪士尼世界的半程馬拉松，並且在同一年內參加另一場在迪士尼樂園舉行的半程馬拉松。各類獎牌的冠軍毫無懸念由美國人奪得，他們在獎牌的設計上發揮了無限的創意。

下列的 15 項路跑，光是為了拿到獎牌就值得去參加。

本書馬拉松編號

NO.7	美國／大索爾國際馬拉松
NO.8	美國／手中鳥半程馬拉松
NO.18	美國／卡特琳娜島馬拉松與卡特琳娜島生態馬拉松
NO.30	美國／迪士尼公主半程馬拉松週末
NO.37	美國／熱巧克力15公里與5公里路跑
NO.40	加拿大／美食路跑
NO.43	美國／波士頓馬拉松
NO.47	美國／小岩城馬拉松
NO.57	美國／茂宜島海濱馬拉松
NO.85	美國／迪士尼馬拉松週末
NO.86	美國／威廉66號公路馬拉松
NO.87	美國／葡萄酒杯馬拉松
NO.115	英國／伊卡諾羅賓漢馬拉松與半程馬拉松
NO.148	法國／施耐德電機巴黎馬拉松
NO.181	中國／黃崖關長城馬拉松

●註：這些獎牌的照片只能當成示意圖，因為路跑的獎牌每年都不一樣。有些是徹底改版，有時候只是顏色或年份不同。

實用資訊
獻給足跡遍及全世界的跑者

跑者專屬的旅遊社

這世界上有許多旅行社推出跟路跑相關的旅遊與套裝行程，大部分是針對那種知名度很高，大家都想參加的大型路跑；也有些旅行社推出的行程每年都換地點。這些旅行社也有管道可以幫你報名一些不容易取得背號的路跑。有時候他們甚至會為你的同行伴侶或友人推出套裝行程。

下列的旅行社可以幫助你以跑步的方式探索全世界：

1.馬拉松之旅（Marathon Tours & Travel），位於波士頓地區，創立於 1979年，在世界各地推出許多路跑行程，還可以幫你找到波士頓馬拉松的住宿地點。
網址：marathontours.com

2.跑者無國界（Coureurs Sans Frontiere）是法國的業者，會推出一些馬拉松、越野路跑和超級越野路跑的行程，同時也提供路跑的實習。
網址：marathours.com

3. 馬拉杜（Marathours）是位於魁北克蒙特婁地區的一間旅行社，提供 3 天以上的路跑行程，包含搭乘巴士或飛機，還有導覽。
網址：marathours.com

4.5 號地平線（Horizon5）位於魁北克，提供一些不同的路跑與越野路跑套裝行程，不過你也可以採取自助旅行的方式，只購買某些路跑的背號（例如白朗峰馬拉松）。
網址：horizon5.ca

5. 旅遊健身（Travelling Fit）是澳洲的業者，專營世界各地的馬拉松行程，也有提供為期數日的路跑行程。
網址：travellingfit.com

6.跑者的旅遊業者協會（Tours Operators United for Runners）是幾間專營路跑行程

的旅行社組成的協會。不管你想去世界上的哪個角落參加路跑，這裡都有適合你的套裝行程。

網址：runningtours.com

旅行的時候去哪裡跑步？

你出發去旅行，行李箱裡放著跑鞋，不是為了參加路跑活動，只是想知道如何探訪新的城市，找出景色最美的跑步路線。你應該知道有些應用軟體可以告訴你當地的跑者喜歡去哪些地方跑步。

1. MapMyRun 和 Strava 這兩種應用軟體可以幫助你找出當地跑者偏好的路線。它們的使用者甚至為最受歡迎的城市提供導覽，根據你搜尋的距離和路面條件，推薦適合的跑步路線。

網址：mapmyrun.com和strava.com/local

2. 在其他跑者的陪伴下跑步探訪一個城市，這是有可能的。在美國，你可以透過城市路跑之旅（City Running Tours）為你安排；另外還有跑步之旅（Go Running Tours），提供歐洲、亞洲和美洲一些大城市的跑步行程，以及為期數天的跑步旅遊行程，可以探訪瑞士阿爾卑斯山或者蘇格蘭高地等地區。

網址：gorunningtours.com和 cityrunningtours.com

其它實用或者有趣的資訊

1. **安全保障**：如果你在陌生的城市或國家跑步時發生意外，最重要的是讓別人知道可以聯絡或通知什麼人。有個小東西可以派上用場：RoadID 的手環。這種東西的價格不貴，每次路跑時都可以戴著，就算只是在自家附近跑步也無妨，由於手環上會留下你的個人資料，你必須透過網路去訂購，最好在出發前 3 個星期就先下單，才來得及取貨。

網址：roadID.com

2. **Shoes and Brew**：如果你喜歡跑步和小啤酒廠生產的啤酒，在科羅拉多州的朗蒙特，你可以在同一個地點滿足這兩項嗜好：選購跑鞋，順便喝一杯當地啤酒廠生產的啤酒。Shoes and Brews 這間商店的標語是「先認真買跑鞋，再來參加派對」，買一雙跑鞋就送一品脫（473 毫升）啤酒的招待券，你可以馬上拿去兌換。這間商店

兼啤酒廠也會舉辦 5 公里的路跑。

網址：shoesbrews.com

3. 虛擬路跑： 你無法去旅行，可是又想拿獎牌？那麼你可以報名虛擬路跑。獎牌會郵寄到你的手上，由你自己決定要跑多遠才值得拿這面獎牌。

網址：virtualrunworld.com

有些路跑，例如在美國的 3 個洲舉行的「打敗胖天使」（Beat the Blerch），可以接受你在遠距離參加正式的路跑。他們甚至會把背號和獎牌寄給你。別上背號，跟其他在路跑現場的跑者同一時間出發，跑同樣遠的距離，你做得到嗎？

網址：beattheblerch.com

跑遍全世界……玩真的！

你想挑戰在全世界各洲跑馬拉松嗎？你可知道有一種「世界馬拉松挑戰」（World Marathon Challenge），你必須在七天內跑完在世界七大洲舉行的七場馬拉松。一天跑一場馬拉松已經很不得了，更何況時差和飛行時數對體力造成的負荷！

網址：wordmarathonchallenge.com

如果你寧可錯開馬拉松的日期，但還是希望在七大洲都跑過馬拉松，那麼你可以考慮加入七大洲俱樂部（Seven Continents Club），這是波士頓的旅遊業者「馬拉松之旅」所設立的一個組織。如果你只想跑比較短的距離，七大洲俱樂部也有一個半程馬拉松的組別。

網址：sevencontinentsclub.com

有助於準備下一次路跑旅遊的建議與備忘

這本書有一個同名網站，提供的內容包括標示出書中每一項路跑日期的年曆，適合推薦給跑者的旅館和航空公司名單，以及一系列精彩的訪問，受訪者都是足跡遍及全世界的跑者，其中有些跟你我一樣只是業餘的愛好者，有些卻是享譽國際的頂尖好手，例如史考特傑瑞克、安坦庫比卡、艾蜜莉佛斯柏格、安娜佛斯特、諾莉亞皮卡斯以及亞當坎貝爾。

網址：courirautourdumonde.com

後記

　　這本書讓我結合我的三種嗜好：跑步、旅遊和找資料。有人稱呼我「維基小娜」，因為我的好奇心很旺盛！雖然找資料和寫作的時候，我幾乎是單獨坐在電腦前，但在出書的過程中，我還是得到某些人的幫助和啟發。想要在此特別感謝：

　　喬瑟佩沃斯特，她建議我接洽 Editions de l' Homme 出版這本書，而這家出版社的理念完全符合我的出書計畫。Editions de l' Homme 的編輯團隊，尤其是伊莉莎白巴赫，馬上就接受這個計畫，為她代班的馮蘇瓦古圖，也就是我的編輯，幾乎從一開始就接手，並且在伊莉莎白請產假期間認真投入這份工作。老闆皮耶布東展現的活力非常激勵人心，在製作團隊全體努力之下，這本書終於問世。我要特別感謝喬瑟艾米歐特、卡洛琳哈格尼與法碧安布樹。為我寫序的三位作者賈克琳卡侯、瓊洛史與喬瑟佩沃斯特，你們每個人都啟發了我。賈克琳，你是路跑界的天后！瓊，你那平靜的力量，你每天都跑步去上班，還有你參加過的路跑都讓我佩服。喬瑟，一踏進你經營的「路跑之家」體育用品店，我馬上就知道我們是同一種人！

　　我在「藍色跑友」社團的朋友們，感同身受的能力、洋溢的熱情以及跑步的快樂是會傳染的。在社團裡，無論你是新手或超級越野路跑的巨星，每個人都可以找到自己的定位。跟你們在一起，跑步是一種讓生活變得更好的方式，不只是最後的結果。謝謝你們如此美好的狂熱。加油！還有各位跑者，感謝你們慷慨的花時間跟我們分享參加路跑的經驗，讓我能夠寫進書裡。諾蒙佩洪與艾莉絲皮歐卓斯基，你們在 2015 年的年底友善地對我豎起大拇指。南西勒杜諾，超級馬拉松跑者與畫家，序頁那幅美麗的畫是你的作品，出自於色彩繽紛的〈腳印〉系列。我的家人，尤其是我母親鼓勵我出書，她對我永遠有信心，跟我父親一樣；我父親過世了，我開始嘗試非由學校舉辦的路跑，包括麥斯基路跑（Maskicourons），就是跟他一起參加的。世界各地的路跑主辦單位，都很積極配合我們的出書計畫；請繼續舉行這些讓我們興奮的路跑活動，我們需要偶爾補充能量，才能脫離單身者無聊的日常生活。

　　我的邊境牧羊犬查伊，已經從小狗變成大狗了！謝謝你在我長時間工作時守護我的心理健康，要求我陪你出去玩或者慢跑。所有的跑者都知道，充分吸收氧氣的大腦會使你的效率倍增。所有的跑者們！希望這本書能夠激勵你開拓視野，迎接挑戰，以跑步的方式來探索我們這個美麗的星球。

娜塔莉希瓦

就愛 跑遍全世界！

搖滾吧！環遊世界

作者：Hance & Mengo

定價：320元

環遊世界對你而言，是否就像天方夜譚？跟著Hance & Mengo橫跨亞、歐、非、美4大洲，展開365天的環球蜜月之旅！漫遊超過20國、50座城鎮，用最貼近在地生活的方式，展現最真的自我，找尋最真的感動！

翻轉旅程

不一樣的世界遺產之旅

作者：馬繼康　定價：370元

跟著旅遊達人馬繼康，深度探訪各地世界遺產，讓他用最溫柔善解的旅行思維，帶你重新看見：科隆大教堂的上達天聽、新疆天山的遼闊夐遠、泰姬瑪哈陵的絕美脫俗……不只翻轉你對世界遺產的過往印象，更翻轉你的人生旅程！

關西單車自助全攻略

無料達人帶路，到大阪、京都騎單車過生活！

作者：Carmen Tang

定價：350元

到關西騎單車吧！循著旅遊達人提供的踩踏路線，及詳實的地圖、QR code資訊，初到日本遊玩的人，也能輕鬆完成屬於自己的單車之旅。用剛剛好的速度，穿梭在大阪、京都的小徑巷弄，感受關西的自然人文、建築、文化及必嘗美食……

姊妹揪團瘋首爾

美妝保養×時尚購物×浪漫追星×道地美食，一起去首爾當韓妞

作者：顏安娜　定價：360元

百萬人氣部落格主安娜帶路，讓妳一手掌握韓妞最愛的魅力景點！不懂韓文，英文也不好，覺得到韓國遊玩有難度？第一本結合韓國旅遊資訊網站「韓巢網」之專書，利用QR code掃描，中文地標旋即顯示，手機輕鬆導航讓你不迷路！

巴黎甜點師Ying的私房尋味

甜點咖啡、潮流美食，推薦給巴黎初心者的16條最佳散步路線

作者：Ying C.　定價：380元

讓久居巴黎的專業甜點師親自帶你走一趟，在充滿藝文氣息的「左岸」Rive Gauche，遍嘗名店甜點；從巴士底沿路逛到共和國廣場，享用精品咖啡與豐盛早午餐；走訪廚具街與美食社群，品味巴黎這座浪漫之都。

Salute!

前進16座義大利經典酒莊

跟著Peggy邊繪邊玩

作者：陳品君（Peggy Chen）

定價：330元

本書以獨具風格的手繪插圖搭配生動的文字，引領你進入威士忌和葡萄酒的迷人國度。認識關於種植葡萄品種、當地釀酒習慣與風味，以及許多饒富趣味的酒知識等等。讓我們一同高舉酒杯，喝遍義大利！